Turbine seu cérebro

CB142520

Plano gradual em 15 semanas

SEMANA 9

Um desafio para a mente

Será que faço o suficiente para cuidar do meu cérebro? O cérebro é uma máquina que funciona de maneira global. Quando calculamos, memorizamos ou simplesmente organizamos nossa agenda, nossas habilidades mentais interagem entre si. Por esse motivo, e do mesmo jeito que numa série de ginástica exercitamos nossos músculos para alcançar uma boa forma física, nossas habilidades mentais podem ser exercitadas mediante a realização de jogos divertidos. Além do mais, com os pequenos conselhos que são oferecidos nestas páginas, abriremos caminho para a criação de novos hábitos saudáveis para nossa mente.

1. Durante as próximas semanas, exercitaremos nossa mente, dedicando atenção especial a cada um dos seguintes âmbitos: compreensão, imaginação, organização espacial e temporal, raciocínio, expressão oral e escrita, criatividade, percepção, agilidade, abstração numérica, comunicação, concentração, memória e consciência.

2. Cumpriremos um plano de jogos para cada semana, contendo enigmas, caça-palavras, labirintos, ideogramas, embaralhadas, diretas etc., com o objetivo de exercitar todas as habilidades mentais.

3. Trata-se de um programa cuja intensidade aumenta paulatinamente. Seguiremos um roteiro de jogos que, a cada semana, ficará um pouco mais complicado.

As habilidades mentais

MEMÓRIA

Sem o hábito de exercitá-la, a memória ficará cada vez mais debilitada. Por outro lado, se a exercitarmos como convém, veremos com clareza como a memória melhora.

ATENÇÃO

A falta de atenção gera lembranças vagas e também faz com que não aproveitemos ao máximo o tempo que dedicamos a tarefas concretas.

CÁLCULO

Os exercícios de cálculo aguçam a mente e potencializam a concentração. Fazer vários tipos de cálculos, que sejam cada vez mais complexos, é um bom treinamento para não perder as faculdades mentais.

LÓGICA

Fazer exercícios de lógica reforça as sinapses das áreas do cérebro encarregadas do pensamento lógico.

LINGUAGEM

Em todas as facetas de nossa vida, são básicas a compreensão e a expressão de nosso pensamento. O desenvolvimento da capacidade verbal leva à melhora da compreensão e à aquisição de um vocabulário mais rico.

ORIENTAÇÃO ESPACIAL

A orientação nos permite conhecer o mundo tendo nós mesmos como ponto de referência.

Como avaliar os resultados?

Para contar os pontos nesses jogos, é preciso marcar o tempo. Em cada jogo, há um contador para anotar o resultado que tivermos conseguido de acordo com um destes dois sistemas:

Marcador 1: De acordo com o tempo de resolução

Devemos anotar o tempo que demoramos para resolver o jogo por completo. De acordo com o tempo empregado em minutos, marcaremos um X no campo correspondente. No exemplo a seguir, damos como referência o intervalo de 3 a 6 minutos:

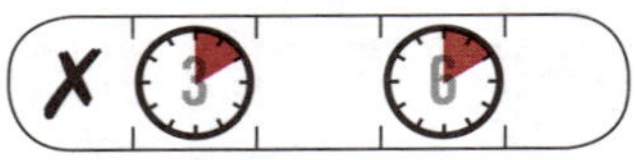

Se você demorar 3 minutos ou menos, marque o primeiro campo.

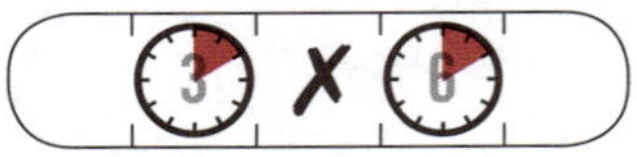

Se você demorar entre 3 e 6 minutos, marque o campo do meio.

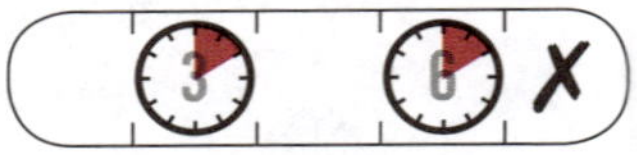

Se você demorar mais de 6 minutos, marque o último campo.

Se você abandonar o jogo, não marque campo algum. Sua pontuação será 0.

Marcador 2: De acordo com o número de respostas

São jogos com um tempo limitado de realização. Você encontrará, à esquerda do marcador, o tempo de que dispõe para realizar o jogo. Conte o número de acertos e marque o campo correspondente. Desse modo, neste exemplo, o número de acertos segue este esquema:

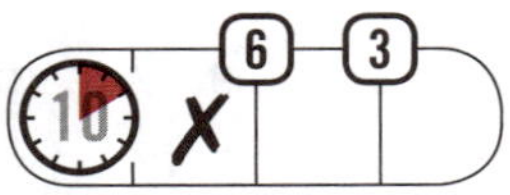

Se você acertar mais de 6, marque o primeiro campo.

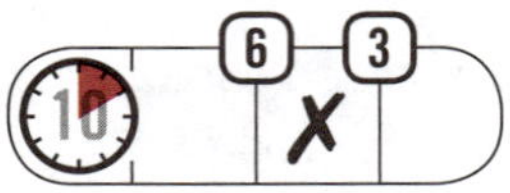

Se você acertar entre 3 e 6, marque o segundo campo.

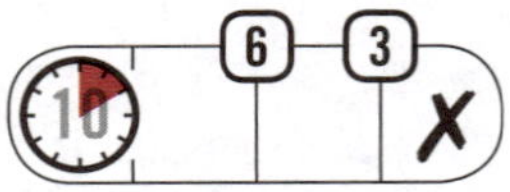

Se você acertar menos de 3, marque o terceiro campo.

Se você não conseguir nenhum acerto ou abandonar o jogo, sua pontuação será 0.

1 Quando você terminar seus exercícios diários, deve transferir os resultados obtidos para a tabela que se encontra no final do dia correspondente. Faça um círculo no campo equivalente a seu resultado para saber a pontuação que você conseguiu em cada exercício.

Avaliação diária

1 **5** 3 1	2 5 **3** 1	3 **4** 2 1	4 5 3 **1**
5 4 **2** 1	6 **4** 2 1	7 4 2 **1**	8 **8** 4 2
9 4 **2** 1	10 4 2 **1**	11 **6** 3 1	12 4 2 **1**
13 **4** 2 1	14 4 **2** 1		Total 44

2 A soma dos pontos diários nos permite saber a pontuação da semana.

3 No fim da semana, você deve somar todos os pontos conseguidos.

Semana a semana, a dificuldade dos exercícios aumentará para que o desafio pessoal de exercitar a mente seja cada vez mais complexo. E lembre-se: o importante é treinar!

Avaliação semanal

Dia 1	44
Dia 2	
Dia 3	
Dia 4	
Dia 5	
Dia 6	
Dia 7	
Total da semana	

Semana 9:
A organização do tempo

"O tempo só possui validade objetiva com relação aos fenômenos... O tempo não é mais do que uma condição subjetiva de nossa intuição... Fora do sujeito, não é nada. No entanto, é necessariamente objetivo com relação a todos os fenômenos... A todas as coisas que podem se apresentar em nossa experiência."

Immanuel Kant

Costumamos pensar na organização do tempo sob uma perspectiva produtiva: a melhor organização, melhores resultados, seja no trabalho ou em casa. No entanto, nesta semana, propomos refletir sobre o tempo a partir de outro ponto de vista. Faça esta pergunta dupla a si mesmo: até que ponto você é dono de seu tempo e em que medida isso é uma fonte de bem-estar ou de mal-estar? A sensação subjetiva que cada um tem acerca da gestão de seu tempo pode influir em sua autoestima e motivação, já que isso aumenta o protagonismo de si mesmo na própria vida diante da sensação de ser uma marionete do relógio, seja do próprio ou do outro.

Objetivos da semana

Quando falamos de organizar nosso tempo, o que pretendemos é ordenar ou situar as atividades em relação a uma série de prioridades marcadas pelas circunstâncias de cada um. Portanto, é como montar um quebra-cabeça: as peças são seus assuntos, e o espaço de jogo, o tempo. E, com tudo isso, você tem o enigma de sua vida. Cada um é diferente. Suas peças também, de modo que as sugestões que propomos aqui devem estar a serviço de seu próprio enigma e do que você quiser construir com ele.

1 **Tomar consciência do tempo**
Interrompa suas atividades durante uns minutos para experimentar como transcorre o tempo e como você o percebe interiormente.

2 **Preparar sua agenda e sua motivação**
Estabelecer datas concretas para seus objetivos o ajudará a organizar seu tempo de maneira efetiva.

3 **Fazer listas**
Não é só fazer a lista de compras que merece ter seu minuto de glória. Você é do tipo que gosta de fazer listas? Então, neste dia, você aproveitará muito.

4 **Ser pontual**
Você deve conhecer alguém que sempre se desculpa por sua impontualidade. Talvez você mesmo tenha um pequeno problema com os ponteiros do relógio... O que acha de ler o que propomos?

5 **Escolher momentos em que o tempo "pare"**
Às vezes, para apreciar algo, é preciso conhecer seu oposto. Hoje propomos lhe dar seus momentos sem depender do relógio.

6 **Fazer a história do meu tempo**
Hoje nos dedicaremos a fazer um pouco de história: como vivi o tempo no mês passado, na semana passada, ontem? Como quero vivê-lo hoje, amanhã e no mês que vem?

7 **Desfrutar do tempo livre**
Com frequência, estamos tão acostumados a nos reger por horários regrados que, quando chega o momento, não sabemos gerenciar nosso tempo livre.

Dia 1

Tomar consciência do tempo

Para treinar o hábito de desenvolver e enriquecer a organização do tempo, o segredo é refletir sobre o próprio tempo. Isso é útil porque lhe servirá para observar como você percebe o tempo interiormente. Dedique uns instantes para meditar sobre isso. Preste atenção, em especial, em sua respiração e seu pulso, que provavelmente estão alterados. Representa um teste para sua paciência? Isso o ajudará a lembrar que não somos máquinas ao ter que organizar nossas atividades.

1 Jogo dos erros

Encontre as 7 diferenças entre as duas imagens.

3 6 4

Lembre-se:

Jogue durante 3 minutos. Se nesse tempo você encontrar 6 diferenças ou mais, marque o primeiro campo. Se você encontrar entre 4 e 6, marque o segundo. E se encontrar menos de 4, marque o terceiro.

Pegue um relógio e observe-o fixamente durante alguns minutos, seguindo os ponteiros. Faça o mesmo com os olhos fechados e tente adivinhar se se passaram dois minutos.

2 Palavras cruzadas simples

As palavras cruzadas simples testam sua capacidade de encontrar palavras a partir de uma definição, e, portanto, melhoram sua habilidade de comunicação. O que propomos aqui não é como as cruzadas simples de costume, e sim uma forma diferente, apesar de o objetivo ser o mesmo.

Horizontais

1. Ingrediente do caviar.
3. Agência de espionagem dos EUA (sigla).
5. (?) do Iguaçu, cidade do Paraná.
7. Firmado usando-se uma chave de fenda.
8. Sensação causada pela otite.
10. A oração que estabelece paralelo entre os termos (Gram.).
11. Resumido; condensado.
13. (?) inoxidável: resiste à corrosão.
14. Mãe da mãe ou do pai.
15. A maior ave do Brasil.

Verticais

1. A casa do índio.
2. Contato voluptuoso (bras.).
3. Festa organizada para a noiva.
4. Ao qual se juntam novos elementos.
5. Fraqueza; debilidade.
6. Jardim zoológico.
8. Documento de transferência bancária.
9. Interjeição de cumprimento.
11. Feminino de "seu".
12. Por (?): por agora.

4 6

Lembre-se:

Se você encontrar a solução em menos de 4 minutos, marque o primeiro campo. Se você levar entre 4 e 6 minutos, marque o segundo. E se levar mais de 6, marque o terceiro.

3 Estacionamento

5x3

O estacionamento de um shopping resolveu diminuir os valores cobrados. Observe a tabela de tarifas e o exemplo que é dado. Depois, considerando o relógio e o montante em dinheiro presentes no rodapé da página, responda: até que horas pode deixar o carro no estacionamento?

São...

(15h30)

Minutos	Tarifa
10	R$ 0,15
35	R$ 0,40
50	R$ 0,55
60	R$ 1,10
85	R$ 1,35
100	R$ 1,50

Você paga...

R$ 0,40

Tem até as...

(16h05)

4 O caixa

5x3

Imagine que você trabalha em um supermercado e que alguns clientes, apesar de bem-intencionados, não facilitam o troco. Calcule mentalmente qual é o troco que precisa dar a partir do dinheiro que recebe.

EXEMPLO

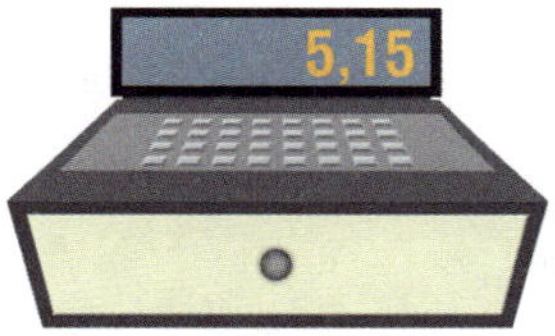

R$ 5,10

108,80

5 Anagramas

Você é capaz de reordenar as letras destes anagramas para formar sete nomes de aves? Quando os tiver, poderá formar, com suas iniciais, o nome de um mamífero roedor.

1. AH PIAR
2. TRAZ BOLA
3. MAR ACRE
4. CASAR RUA
5. OBTER EM RITO
6. MOLHE REI SÃ
7. IR NA REDE

5 3

6 Caça-palavra

! Encontre, neste caça-palavra, os vinte objetos de cozinha da lista.

Abridor	**Chaleira**	**Frigideira**	**Rolo**
Avental	**Colher**	**Galheteiro**	**Saleiro**
Batedeira	**Concha**	**Garfo**	**Tabuleiro**
Caçarola	**Escumadeira**	**Pegador**	**Torradeira**
Cafeteira	**Faca**	**Ralador**	**Xícara**

```
              W F
    N V R J Z O F R A G N E B V S R
  D H R M S I L W K W Z G F D E T D H
F A C A H A R I E D E T A B H R K X O V
J I R J B Y T H F H W B I L O R G L K Z
L L F A R I E D A R R O T D Z J O J G E
T B G Z D E D T I W H A I K V R E K Y D
  C F C I S G S F I H R V K L W S Y Z
    Z A J C F D J R B F M E J T F D
    Z Ç G U Z G G A I F F T N G S K
    C A R M L C A Y K G Z W H T H G
    H R F A K T L M H X I C A R A A
    A O C D X Z H N R D B D H S R L
    L L K E J D E V V H J X E I E L
    E A Y I L T T G H Y B F E I I N
    I H C R N W E Z I B M T B J R B
    R C R A I L I E G C E N Z Z R A
    A C Z G G G R V Y F H D Z E S B
    S M W B R Y O C A K X C H V M E
    N C O N C H A C F G T L Z D F G
    G S Z X T L W I Z K O T H T I V
  K K R O D A G E P B C R O D A L A R
V N R I L Y G I W Z G F C G X G X T W E
S A L E I R O D B F T A B U L E I R O Z
```

5 12 6

7 Letras embaralhadas

Nesta embaralhada, as letras procuradas se encontram em campos contíguos na horizontal, vertical ou diagonal. Você deve encontrar quatro palavras que signifiquem "erro". Pode utilizar a mesma letra várias vezes, mas não na mesma palavra.

E	D	F	C	E
O	S	A	I	R
N	A	L	H	T
A	E	T	L	O
G	N	A	F	B

8 Jogada de xadrez

Empregue a lógica para averiguar como as brancas ganham em um único movimento.

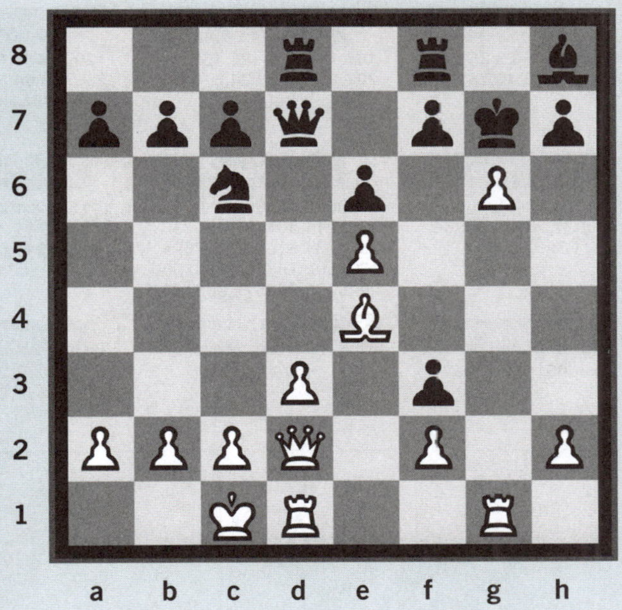

9 Cruzada numérica

Complete o quadriculado com os números que aparecem abaixo.

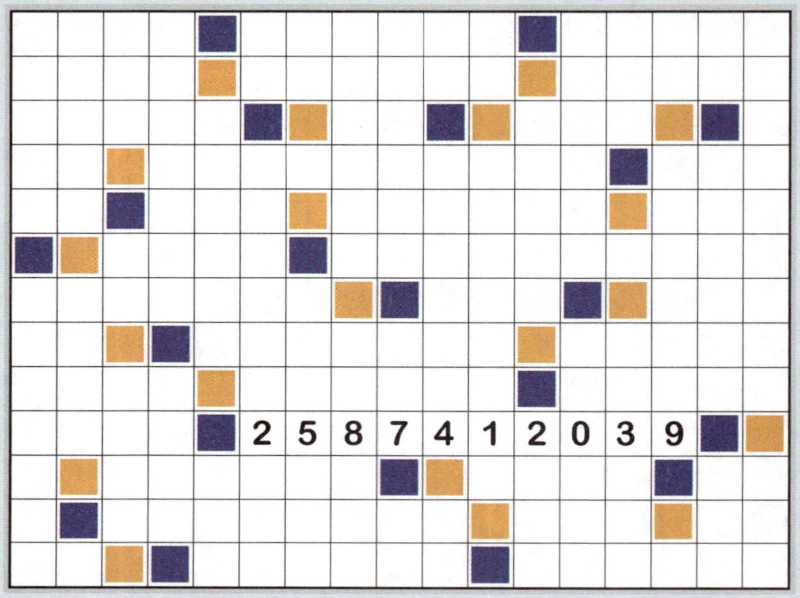

2 ALGARISMOS

12,13,14,15,23,25,26,42
45,49,54,58,75,78,85,96

3 ALGARISMOS

107,114,123,125,159,168
207,237,312,524,673,854
896

4 ALGARISMOS

1207,1458,1825,2212
2657,2664,5518,6589
9651, 9652

5 ALGARISMOS

11218,12458,36007
36521,56245,57864
67982,69114

6 ALGARISMOS

120045,125968,230147
352214,401289,420235
547821,630023,707674
708892,753621,763750
825955,855572,905180

7 ALGARISMOS

1825661,2587120
3258741,3991878
7381244,8283909
9258168

8 ALGARISMOS

46960511,85236974

9 ALGARISMOS

147679227

10 ALGARISMOS

2587412039,2974512930
4589147859,8523697412

10 Provérbio

Insira adequadamente os campos cinza abaixo nos espaços vazios de modo que se leia um provérbio.

	LAR		PRA	,
CA		É		RO

TA	OU	LAR	É	FA

11 Círculos

Encontre a palavra oculta em cada círculo, tendo em mente que ela pode estar escrita no sentido horário ou anti-horário.

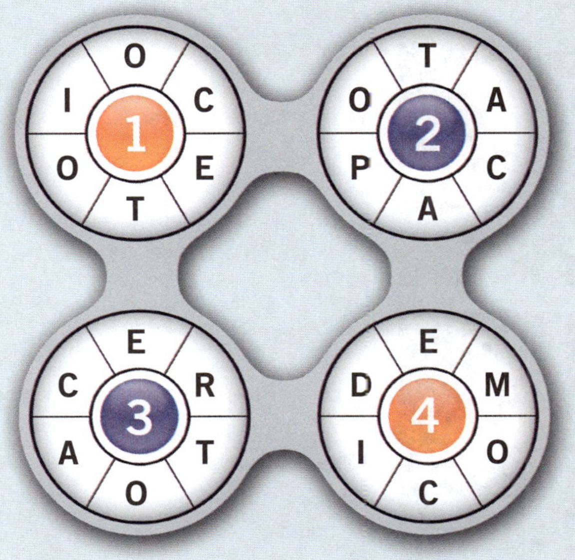

12 Quem é você?

Fotografamos essas pessoas em momentos diferentes da vida. Umas estão trabalhando, outras aproveitando o tempo livre. Ao lado de cada imagem, aparecem alguns dados sobre a vida do personagem em questão. Você tem, no máximo, 5 minutos para olhar todas as fotografias e memorizar os dados que conseguir de cada um dos personagens. Depois que acabar o tempo, espere 10 segundos e passe para a página dupla a seguir.

1

Rodolfo não faz outra coisa senão pensar no dia de sua aposentadoria, que, em seu caso, será antecipada. Precisa de tempo para aproveitar a vida, viajar, ficar com o neto. Já tem tudo planejado: irá tirar a barba por completo, dar-se de presente um cruzeiro com a mulher e depois retomar as aulas de acordeão que abandonou há 30 anos.

2

Quem disse que estudar é vida fácil? Marisa não só está no terceiro ano do curso de Direito, como também concilia os estudos com o emprego de vendedora em uma grande loja de material esportivo. Assim, consegue juntar um dinheiro com que compra livros, livros e mais livros. O da roupa ela deixará para quando ganhar mais como advogada. Seu namorado também estuda, como ela, mas está começando e se chama Xavier.

3

Revisar o caminhão para quando tiver que sair apressado, cuidar para que tudo esteja em ordem e para não haver nenhuma falha em caso de emergência... Jaime está acostumado às emergências. De fato, é o companheiro azarento que ninguém quer ter, porque, sempre que está de serviço, precisa resgatar alguém em um elevador, tirar um gato de uma árvore ou controlar um incêndio em uma central elétrica.

4

Se existe algo que Pepe e Elvira fazem mal é interpretar mapas. Já faz 18 anos que dão voltas pelo bosque com a intenção de encontrar a saída, mas sempre acontece alguma coisa: ou há névoa, ou Pepe segura o mapa de cabeça para baixo, ou Elvira torce o tornozelo. Quando saírem, descobrirão que agora as lojas não são canadenses e que existem umas mochilas muito mais cômodas.

1

5 

Carmem e Luiz são irmãos. Visitaram uns tios que, há muitos anos, foram para os Estados Unidos. Agora estão de férias em seu povoado, um lugar onde andam de carroça, todos os homens usam chapéu e jaquetas sem botões. Hoje é seu último dia na terra dos amish e eles querem levar uma lembrança para mostrar aos amigos. Carmem está pensando na carroça, mas compreende que é melhor levar uma foto do que despachar esse trambolho no aeroporto.

6 

Júlia é investigadora. Já publicou vários livros e artigos em revistas. Dedica a vida toda à profissão e, para isso, teve que fazer muitas renúncias. Aos 50 anos, não saberia fazer outra coisa. Se tivesse que recomeçar, faria tudo de novo. No entanto, reservaria mais tempo à família, aos amigos e ao lazer.

7 

Juliano é habilidoso. Não há vizinho que não inveje os diferentes trabalhos de bricolagem que já fez em seu chalé. Hoje está trabalhando em uma churrasqueira, ansioso para terminá-la e convidar todos os irmãos. Com ele, são 9. Dois emigraram para a Suíça. Enquanto põe os ladrilhos, pensa nas costelas, nas linguiças e nas alcachofras que irá preparar com as torradas. Manuela, sua esposa, o ajuda com o cimento e o apressa para terminar logo. Ela também gosta de torradas com alho e tomate.

8 

Lá se foram os anos em que era preciso envergar a coluna para plantar. Para Paulo, essa época está muito presente em sua memória. Agora tudo mudou e ele só precisa se preocupar em conduzir o trator pelo lugar adequado, enquanto seus filhos plantam com toda a facilidade do mundo. Com um pouco de sorte e se o tempo ajudar, a produção deste ano trará benefícios interessantes e ele poderá comprar máquinas mais modernas que lhe pouparão ainda mais horas de trabalho.

1 

1. Como se chama?
2. Quanto tempo faz que abandonou as aulas de acordeão?

2 

1. O que ela estuda?
2. Em que ano está?

3 

1. Como se chama?
2. Que tipo de companheiro ele é?

4 

1. Como ela se chama?
2. Há quantos anos está no bosque?

5 

1. Como se chamam?
2. Onde passaram as férias?

6 

1. Quantos anos ela tem?
2. O que faz?

7 

1. Como sua esposa se chama?
2. Quantos irmãos ele tem?

8 

1. Que veículo Paulo conduz?
2. Quem planta, atualmente?

13 Quem é?

Vendo só a imagem, você consegue descobrir quem é a personagem da foto?
Se não descobrir, você pode ler, pouco a pouco, as dicas abaixo para ver se assim a reconhece.

De grande fama e reconhecimento por suas interpretações no Cinema. Já atuou em filmes em italiano, francês, espanhol e inglês, sendo, inclusive, musa do cineasta Pedro Almodóvar. Além disso, pratica o budismo e é vegetariana.

Programe o despertador para tocar depois de passar cinco minutos em silêncio. Então, faça o mesmo com música. Que diferenças você notou?

14 Acróstico

Neste exercício, você deve encontrar a palavra a que se refere cada definição e escrever a resposta no quadriculado. Depois de completar todos os campos, na primeira coluna, você encontrará um autor, e o código do quadro abaixo trará uma citação dele.

1. Monstro derrotado por São Jorge (Folcl.). Descarga elétrica em tempestades.
2. Corpo celeste como o Sol. A (?): tipo de sauna.
3. Local onde se fazem exames clínicos.
4. Capital da Grécia. Peça do jogo de xadrez.
5. Descaso.
6. A origem da língua portuguesa. Fecho de roupas.
7. Membros dos anjos. (?) estufa: fenômeno natural de aquecimento da Terra.
8. O maior dedo das mãos. Espécie de tecido usado em calças.
9. São preparadas pelo professor. Divisões do arco-íris.

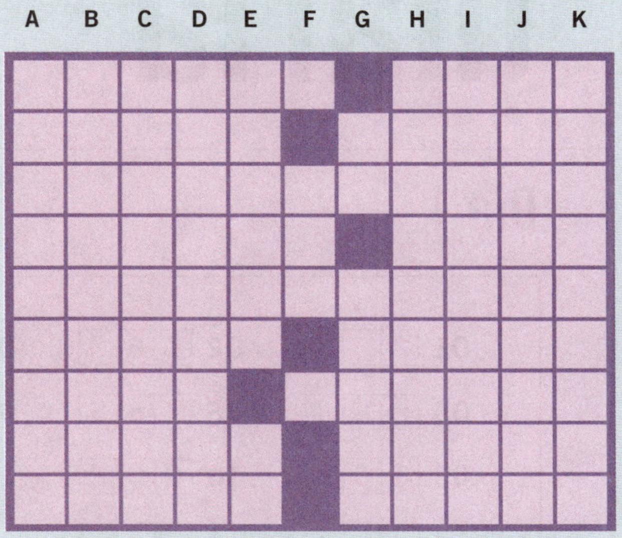

Frase célebre

E2; J4/C1/D6/H9/G5; G8/B9/J1/G6; C8/F5; B7/H7/B9/K9; B3/J7/H3/F4; A1/C4/G2/J6; B2/J9/K2; G2/K1/G9/F7; A8/H5/D7/E6/F1; H8; J8/E1/K3; I1; E9/K7/G9/A5/B8/H4/D9/C5/H7.

Pense na diferença que existe entre o último dia de férias e o primeiro dia de volta ao trabalho ou a suas obrigações. Tente se lembrar de como você valoriza o tempo em um caso e outro e também como transcorre.

Avaliação diária

Dia 1

01	8 | 6 | 3	02	8 | 6 | 3	03	8 | 6 | 3	04	12 | 8 | 5
05	8 | 6 | 3	06	12 | 8 | 5	07	8 | 6 | 3	08	10 | 8 | 6
09	8 | 6 | 3	10	8 | 6 | 3	11	8 | 6 | 3	12	12 | 8 | 5
13	8 | 6 | 3	14	12 | 8 | 5			Total	

- Se você somou mais de **112** pontos, não baixe a guarda e seu cérebro continuará em forma.
- Se você conseguiu entre **74** e **112** pontos, obteve um resultado mediano. Se continuar treinando, talvez consiga fazer melhor.
- Se a sua pontuação não chegou a **74**, você precisa melhorar. Não desanime. Você
- está apenas no começo. Tudo é questão de treino.

Dia 2

Preparar sua agenda e sua motivação

Fazer uso de uma agenda pode ajudá-lo a traçar suas metas, que, preferivelmente, devem ser concretas e adequadas ao momento em que você se encontra. Elas não têm que ser nem muito fáceis nem muito difíceis. A agenda é a forma mais tangível de avançar em nossos propósitos, dentre outras razões, porque o torna consciente dos mesmos e o ajuda a concretizá-los e a lhes dar seu espaço. É algo muito pessoal. Portanto, lembre-se de que o que propomos aqui não passa de simples sugestão.

1 Caminho

Complete a tabela com todos os números que faltam, de maneira que você possa unir os números de 1 a 25 em um só traço e sem que a linha se corte.

		9		
4	1			12
	25		19	16
23				

Quando você souber tudo o que terá que fazer durante a semana, procure uma agenda em que haja espaço para anotá-lo, a cada dia. Se ela trouxer as horas marcadas, talvez facilite a tarefa. É útil revisá-la pela manhã ou na noite anterior (mas não antes de dormir). Comece pelas atividades fixas e com um horário estabelecido. Lembre-se: é interessante não sobrepor uma atividade a outra para não brigar com o relógio. Dê-se um tempo e deixe um espaço para os imprevistos. E tente pôr no princípio do dia o que você considerar mais importante.

2 Jogo com fósforos

Esta casa está virada para o sudoeste. Mova 2 fósforos e faça com que ela se vire para o sudeste.

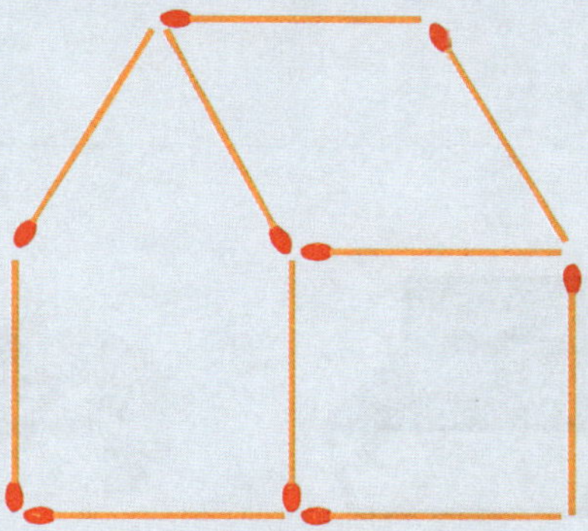

3 Estacionamento

Para resolver este exercício, você deve consultar o quadro de tarifas que aparece na página 12. O objetivo do jogo é o mesmo que no caso anterior: você saberia calcular, mentalmente, até que horas pode ficar estacionado segundo as moedas e o relógio aqui indicados?

4 O caixa

5x3

Imagine que você trabalha em um supermercado e que alguns clientes, apesar de bem-intencionados, não facilitam o troco. Calcule, mentalmente, qual é o troco que precisa dar a partir do dinheiro que recebe.

EXEMPLO

R$ 5,10

54,47

5 Problema

O homem que se "estrangulou"

No meio de um estábulo completamente vazio, apareceu um homem enforcado. A corda ao redor do pescoço estava atada a uma viga do teto. Era uma corda de três metros. Seus pés ficaram a um metro de altura do chão, que estava encharcado. A parede mais próxima estava a sete metros do morto. É possível escalar as paredes e subir até o teto.

Como ele fez isso?

6 Palavras cruzadas simples

As palavras cruzadas simples testam sua capacidade de encontrar palavras a partir de uma definição e, portanto, melhoram sua habilidade de comunicação. O que propomos aqui não é como as cruzadas simples de costume, e sim uma forma diferente, apesar de o objetivo ser o mesmo.

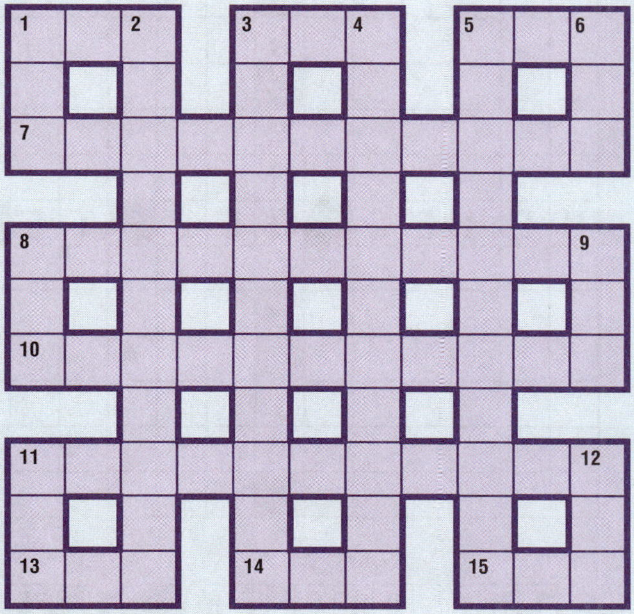

Horizontais:

1. Alvo das acusações do promotor.
3. Associação de Tenistas Profissionais (sigla).
5. Conceito fundamental da Ética.
7. Frutas que integram coquetéis.
8. Vida íntima; intimidade.
10. Sociedade na qual o faraó era a figura máxima.
11. Reprovado em concurso.
13. A menor existente é o beija-flor.
14. Armação de rodas de bicicletas.
15. A letra da palma da mão.

Verticais:

1. Via de circulação de automóveis.
2. Concordância de opinião.
3. Cantora de "Quem de Nós Dois" (MPB).
4. Indivíduo privado da liberdade.
5. Característica dos lutadores de vale-tudo.
6. "Mamma (?)", expressão italiana.
8. (?)-natal: acompanhamento imprescindível à gestação.
9. Inflar o (?): elogiar (gíria).
11. O quarto pecado capital (Catol.)
12. Brado da torcida na tourada.

7 Blocos

O objetivo deste exercício é inserir as peças no quadriculado para ler uma citação e, ao final, descobrir o nome de quem disse essas palavras.

8 Letras embaralhadas

Nestas embaralhadas, as letras se encontram em campos contíguos na horizontal, vertical ou diagonal. Começando por algum lugar do tabuleiro, você deve encontrar três palavras que contenham as cinco vogais.

J	D	T	Ã	O
S	U	C	I	B
H	A	N	E	P
M	L	U	R	I
X	G	F	O	A

9 Rainhas em um tabuleiro de 6 x 6

Como colocar 6 rainhas em um tabuleiro de 6 x 6 campos sem que elas se ameacem?

10 Mapa-múndi

Agora você testará seus conhecimentos de Geografia mundial. Para isso, apresentamos um mapa-múndi com vários países, cada um marcado com uma letra. O objetivo é relacionar as fotos, tiradas em países diferentes, com suas letras correspondentes no mapa para descobrir a palavra oculta. O número de letras da palavra é igual ao número de fotos.

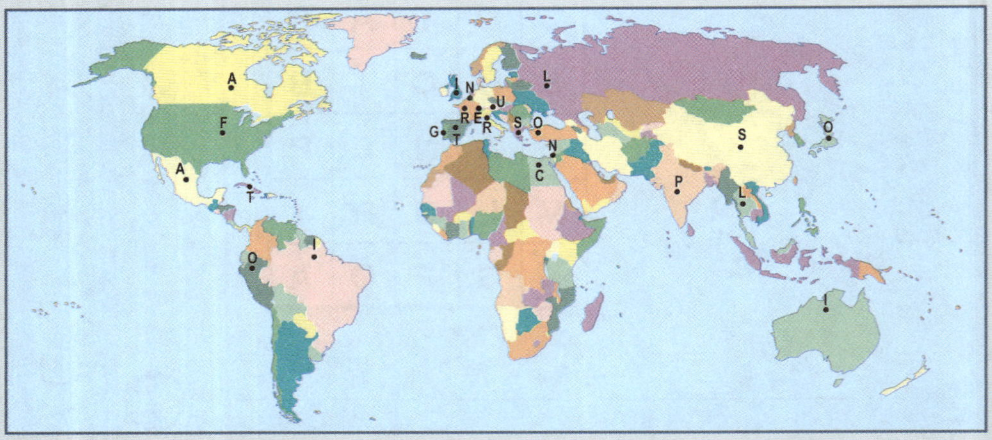

Dica: com as letras que conseguir, você descobrirá algo que existe em todos eles.

11

Anagramas

Você consegue reordenar as letras destes anagramas para formar os nomes de cinco atores brasileiros? Os números indicam quantas letras tem cada palavra da solução.

1. MARISCO PALERMA 6, 8
2. ISOLAR GRIPE 6, 5
3. LIMPAR AREIA 7, 4
4. TURMA IDEAL 4, 6
5. RIFA MORAL 5, 4

3 2 4

Revise o que você tem pendente para este mês: planos para o fim de semana, pagamentos, eventos... Também é útil planejar os gastos mensais: fixos e variáveis, imprevistos etc.

Para organizar a semana, é útil desenhar um quadro em uma folha e inserir o que você pretende fazer. Comece pelas atividades intransferíveis, pelas coisas fixas. A partir daí, vá introduzindo as atividades que podem variar de horário, mas que também costumam ser semanais, e depois aquelas que você só pode fazer em determinados dias ou horários.

12 Ordem das letras

Ordene as letras e você encontrará cinco cidades brasileiras.

1. I B I C T R A U
2. T E Z O L A F A R
3. M I S A C P A N
4. L R A Í B A I S
5. A S N A M U

13 Simétricos

Encontre as 3 letras que não aparecem de maneira simétrica na imagem em negativo.

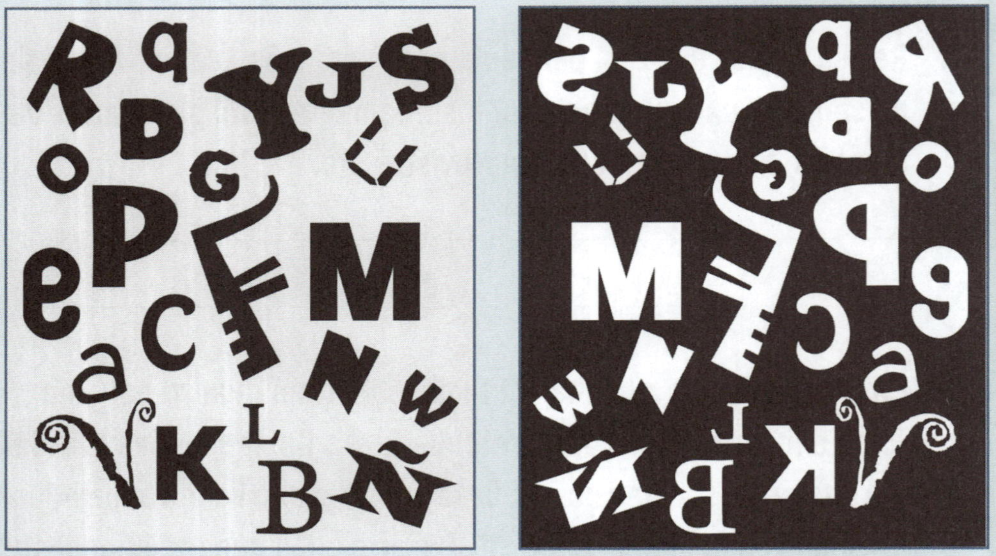

14 Caça-palavra

Localize os vinte e oito países que pertencem à União Europeia.

```
                        W D K A               C B D
                      Y C I I E F               K E
                    J I R C L R X B M D           S
                  W C E E F E U E N X B         S P
                L G R R S T N S X I             F A
              C L R G P M   G L E N X Z       I R N
            H L R R O W O Z   N W O M O J M I A H
            D E O M M N L H   E B M V B U W X N A
  F V V     M T A M E S O F W         E U N X Ç S
  W B R     N O C M N Z N C Z     M G D N R I A X
    R A     B N I R I M I G       L J R K I G D F
    N I       I A   A M A     B E L G I C A A O O
    D R J     A     M G C     P O R T U G A L K G
    Z A E                     N H U N G R I A C C
R F W G Y     C X Y D C       A D N A L R I C Z H
S D S L N     X O A L E M A N H A T S J K F B G R I
  R W U W     M S D W M W I H H D I N A M A R C A P
I K I B H     X J A I U Q A V O L S E R L H I G X R
            R R V B D S T A I N A U T I L T T M D E
          P A I S E S B A I X O S E H H G K A
        D I M R E P U B L I C A T C H E C A L
    C M Y Y A I D N A L N I F C T W F G F H I
    G D S N Y B T F C N       E S T O N I A A
    G Y A A U S T R I A         C B Z M B K L I
    R I Z G M C       E E G     N E V X     S J
Z C E C D G       G     G Z N   B C V         M
S K E T J M               Z       Z I     B F F A
C U L H H H   Z     R     R     H H K     I E X L
S W H D                                   F B K T
    R                                       I E A
```

Avaliação diária

Dia 2

01	8 6 3	02	10 6 4	03	8 6 3	04	12 8 5
05	8 6 3	06	8 6 3	07	10 6 4	08	8 6 3
09	8 6 3	10	7 4 2	11	8 6 3	12	8 6 3
13	7 4 2	14	12 8 5			**Total**	

- Se você somou mais de **103** pontos, parabéns! Tente continuar no mesmo nível amanhã.
- Se você conseguiu entre **65** e **103** pontos, obteve um resultado mediano. Com a prática diária, chegará muito longe.
- Se a sua pontuação não chegou a **65** pontos, você precisa melhorar. Continue jogando com atenção e amanhã certamente alcançará resultados melhores.

Dia 3

Fazer listas

As listas podem ser um recurso gráfico para se dispor sobre a mesa tudo o que você quiser pôr em prática. Sua utilidade está não só no fato de ajudarem a ordenar as atividades, mas também no de representarem uma ferramenta para administrar suas emoções, já que, às vezes, ter assuntos pendentes e não concretizar sua realização pode provocar uma certa ansiedade. Além do mais, os pensamentos sobre tais questões costumam aparecer em momentos inoportunos, quando você está trabalhando ou tentando descansar. Importante: as listas devem ficar em um lugar que você tenha o hábito de olhar. E, se possível, na mesma agenda.

1 Jogo dos erros

Encontre as 7 diferenças entre as duas imagens.

2 Estacionamento

5x3

Para resolver este exercício, você deve consultar o quadro de tarifas que aparece na página 12. O objetivo do jogo é o mesmo que nos casos anteriores: você saberia calcular, mentalmente, até que horas pode ficar estacionado segundo as moedas e o relógio aqui indicados?

3 Caça-palavra

Neste caça-palavra, você deve encontrar as comidas típicas brasileiras que aparecem na lista a seguir.

Bobó de camarão	**Feijoada**	**Pão de queijo**	**Tapioca**
Bolo de fubá	**Frango com quiabo**	**Pato no tucupi**	**Vaca-atolada**
Churrasco	**Galinhada**	**Quibebe**	**Vatapá**
Curau	**Mocotó**	**Rabada**	**Virado à paulista**
Dobradinha	**Moqueca de peixe**	**Rapadura**	
Feijão-tropeiro	**Pamonha**	**Sarapatel**	

F	I	X	L	F	V	A	C	A	A	T	O	L	A	D	A				
P	N	A	D	A	O	J	I	E	F	L	J	G	Y	G	Y				
A	M	S	L	X	F	A	B	U	F	E	D	O	L	O	B				
M	F	A	R	U	D	A	P	A	R	D	S	H	C	V	N				
O	R	I	L	E	Z	S	B	J	W	N	C	H	H	M	B				
N	A	J	O	J	I	E	U	Q	E	D	O	Ã	P	N	O				
H	N	R	H	M	C	X	X	J	J	G	B	F	S	R	D				
A	G	W	Z	H	H	R	R	Q	Y	F	Z	X	I	G	B				
N	O	X	G	K	U	Z	A	N	U	G	I	E	N	V	X				
R	C	S	A	D	R	D	B	X	I	I	P	Z	W	E	A				
I	O	C	L	C	R	L	A	K	Z	O	B	I	L	T	F		B	M	
G	M	U	I	N	A	Y	D	W	R	B	P	E	S	B	O	E	Z	Y	M
S	Q	R	N	T	S	D	A	T	D	U	X	I	B	Ã	F	E	W	W	D
A	U	A	H	R	C	M	O	V	C	N	L	G	R	E	V	G	H	I	H
R	I	U	A	Y	O	Ã	D	U	V	U	N	A	T	V	A		X	W	
A	A	W	D	L	J	E	T	Z	A	W	M	S	A	E	T				
P	B	E	A	I	W	O	C	P	R	A	M	N	P	V	A				
A	O	D	E	R	N	B	A	R	C	Y	O	K	I	X	P				
T	H	F	Y	O	I	O	B	E	W	B	C	R	O	E	A				
E	V	M	T	J	D	T	D	E	E	T	O	L	C	S	R				
L	B	A	M	A	V	O	W	E	Z	X	T	N	A	Y	N				
V	P	N	R	X	B	Z	J	M	E	V	O	D	X	E	C				
N	L	I	S	O	A	H	N	I	D	A	R	B	O	D	G				
B	V	T	B	W	N	Z	K	M	T	F	I	E	C	Z	B				
Z	X	E	X	I	E	P	E	D	A	C	E	U	Q	O	M				

5 15 8

4 Logograma

Os logogramas consistem em encontrar uma palavra-enigma com cujas sílabas outras palavras se formam. Damos dicas que se referem a palavras que podem ser formadas com as sílabas da palavra-enigma. Apenas a última dica se refere à palavra-enigma. Você deve descobri-la e todas as que se formam com ela.

EXEMPLO

Um mais três, efeito do calçado apertado; dois mais três, muito bonito. Um mais dois mais três, matéria-prima da peruca. A solução é "cabelo": com as sílabas um e três (ca+lo), você responde à primeira questão e, com as sílabas dois e três (be+lo), você responde à segunda. As três sílabas juntas formam a palavra-enigma.

Um mais três, sentimento de fobia; dois mais três, face de objeto; um mais dois mais três, calda de rapadura.

5 Letras embaralhadas

Começando na metade superior do quadro e terminando na metade inferior, avance de letra em letra para encontrar uma frase muito conhecida. Cada letra é utilizada apenas uma vez.

Dica: pense grande e acredite em você.

O	H	N	D	H	F
D	O	A	O	O	M
E	S	M	P	M	E
U	N	H	A	É	M
S	O	O	T	O	D

6 Soma de símbolos

Cada uma das cores deste quadro simboliza um número de 1 a 9. De acordo com os totais, você sabe que número cada cor simboliza?

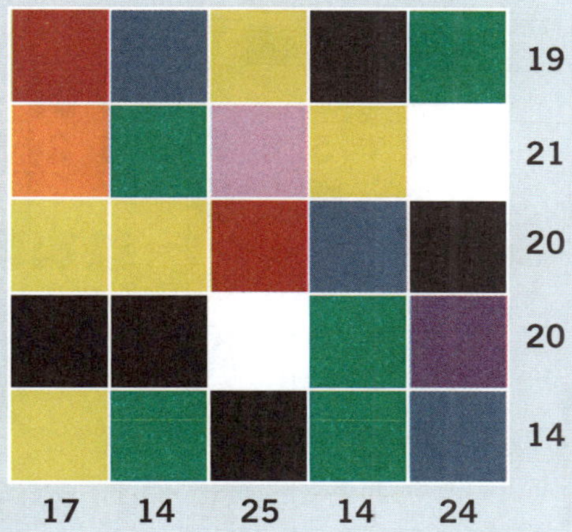

7 Provérbio disfarçado

No texto a seguir, aparece um provérbio disfarçado com uma linguagem muito floreada.

EXEMPLO

O Pai Celestial presta socorro àqueles que se levantam prematuramente do móvel para descanso.

SOLUÇÃO

"Deus ajuda quem cedo madruga."

Animal doméstico que persegue ratos colocado em água fervente tem receio do líquido essencial para a vida em baixa temperatura.

8 Cruzada numérica

Complete o quadriculado com os números que aparecem abaixo.

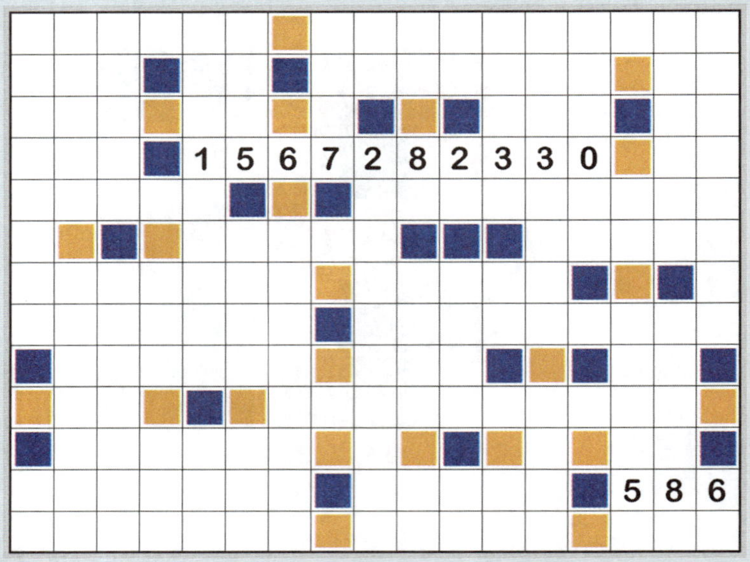

2 ALGARISMOS
12,14,21,29,32,38,41,44
45,53,65,69,70,74,78,85
86,87,88,96

3 ALGARISMOS
102,252,258,259,305,458
524,556,586,856,865

4 ALGARISMOS
1738,3565,4783,5377
6445,9555

5 ALGARISMOS
21234,35607,43167
56528,57869,78348
78543,86935,89437

6 ALGARISMOS
178006,256958,435686
674953,675152,695236
984285

7 ALGARISMOS
2475050,3526197
4105869,4124658
7055901,7814259
8502505

8 ALGARISMOS
10987659,48815924
69538871,80168543

9 ALGARISMOS
351480258,457812693
871194089

10 ALGARISMOS
1567282330,2378442777
5638261268,7825361254

Elabore a lista de pendências. Isso é muito útil para que os assuntos não se transformem em pensamentos intrusivos que grudam quando ninguém os convida.

9 Barcos

Os dígitos das partes à direita e abaixo mostram quantos campos ocupam os barcos em uma fila ou coluna. Eles podem estar na horizontal ou na vertical e nunca ocupam campos adjacentes, nem na diagonal. Aproveite as dicas!

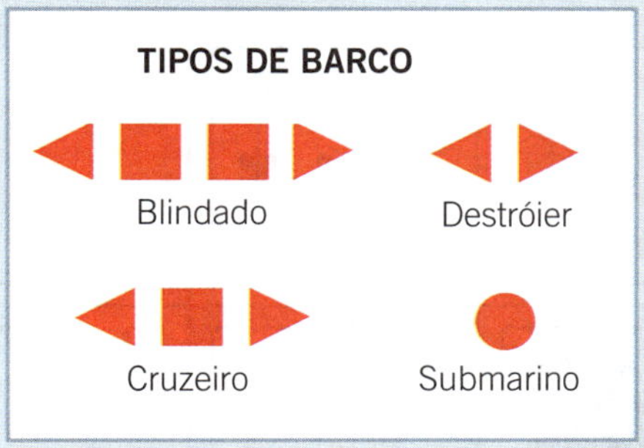

Esta frota é composta por 1 blindado, 2 cruzeiros, 3 destróieres e 4 submarinos.

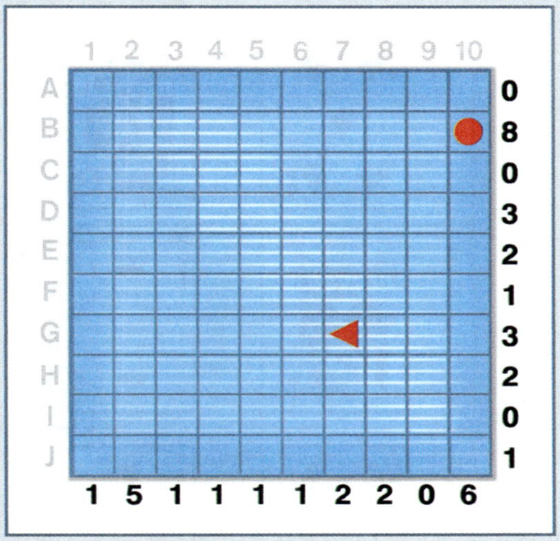

10 Provérbio

Insira adequadamente os campos cinza abaixo nos espaços vazios de modo que se leia um provérbio.

	OU		MA	
DEI		NA		MA

FA	CRI	TOU	E	CA

11 Memorizar tabelas

Estude a tabela durante o tempo que for preciso, memorizando a informação de cada campo. Procure modelos e dicas e se prepare para ser testado. Em seguida, cubra a tabela e responda às seis perguntas que desafiarão sua memória.

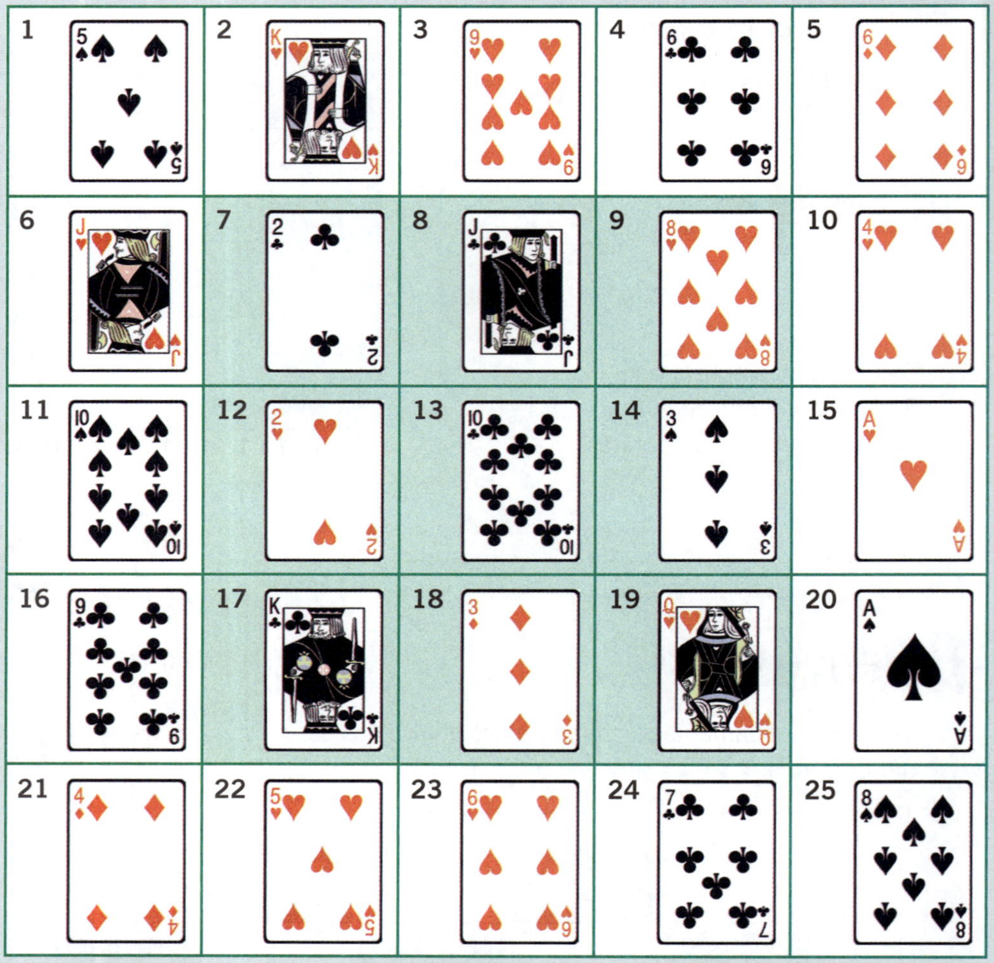

1. Que carta há no campo 1?
2. Quanto somam as cartas 5 e 21?
3. Em que fila está a sequência?
4. Em que campo está a dama?
5. Em que coluna estão os ases?
6. Em que campo está o rei de paus?

12

Quem é?

Vendo só a imagem, você consegue descobrir quem é o personagem da foto? Se não descobrir, você pode ler, pouco a pouco, as dicas abaixo para ver se assim o reconhece.

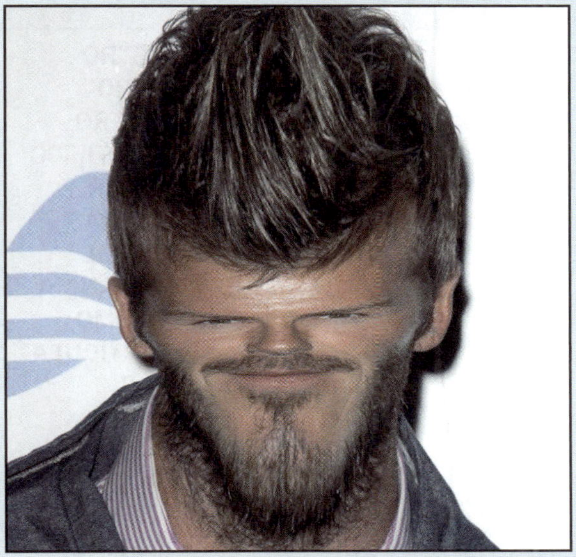

Inglês de extensa trajetória que soube construir uma imagem tanto esportiva quanto de modelo publicitário. É ex-integrante da seleção de seu país como titular muito importante.

Faça listas de objetivos para o mês, a semana e o dia. Incentivamos você a escrever objetivos concretos, mas, para tal, é preciso pensar em como atingi-los. Por exemplo, se o que você deseja é se sentir mais perto dos amigos, como fará isso? Marcando encontros com mais frequência, fazendo você mesmo as ligações, aproximando-se dos demais...?

13 Cada um com seu par

O prefixo "deci" pode se unir à palavra "litro" e formar, assim, uma nova palavra: "decilitro". Seguindo essa mesma lógica, estabeleça a correspondência adequada dos demais prefixos com suas respectivas palavras.

ANFI	METRO
ANTI	LITRO
BIS	TEATRO
DECA	CIENTÍFICO
DECI	CEDER
EQUI	QUEDAS
HIPO	DERME
IN	DISTÂNCIA
INFRA	TEÍSMO
INTER	PARTÍCULA
INTRA	POR
MICRO	ÚTIL
MONO	COR
MULTI	BIOLOGIA
NEO	VERMELHO
ONI	LIGEIRO
PARA	CLÍNICA
POLI	CEDER
PSEUDO	CLASSICISMO
RETRO	MUSCULAR
SUB	MARINO
TELE	VISÃO
ULTRA	AVÔ
JUSTA	PRESENTE

5 18 10

Se for preciso, proponha-se a fazer uma lista de coisas a delegar. É possível que haja uma série de coisas de que você está se encarregando quando, na verdade, outra pessoa poderia ou deveria se encarregar delas. Talvez você não as delegue por completo, mas peça ajuda para pô-las em prática.

14 Bilhar

Imagine-se observando a jogada com o queixo apciado na mesa. Desse modo, umas bolas encobrirão as outras. Pusemos várias bolas de cores diferentes, mas, para tornar o jogo mais difícil, as apresentamos em branco. O objetivo é descobrir suas posições. Para isso, estabeleça a correspondência entre as letras (pontos de vista) e os números (sua visualização).

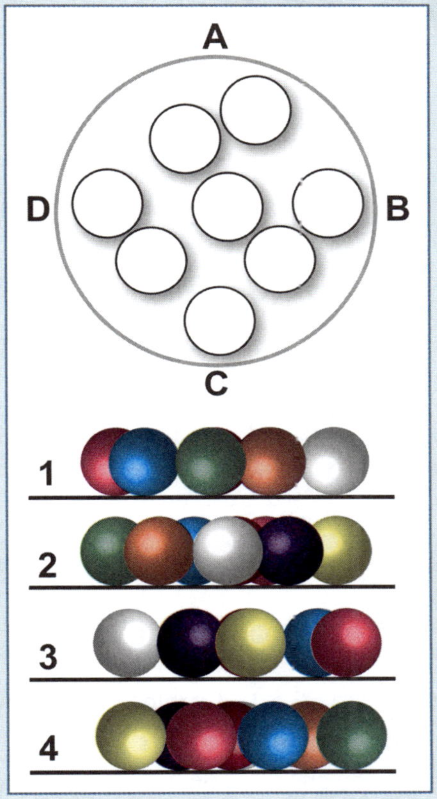

A lista de prioridades está muito ligada à lista de objetivos e diferencia as coisas urgentes das importantes e das secundárias. Depois de fazer a lista de objetivos, adie umas coisas e adiante outras e estabeleça a de prioridades.

Avaliação diária

Dia 3

01	8	6	3	**02**	8	6	3	**03**	12	8	5	**04**	8	6	3
05	8	6	3	**06**	8	6	3	**07**	8	6	3	**08**	8	6	3
09	9	6	3	**10**	8	6	3	**11**	10	6	4	**12**	8	6	3
13	10	6	4	**14**	8	6	3					**Total**			

- Se você somou mais de **104** pontos, muito bem! Em meia semana, você já chegou a um nível alto.
- Se você conseguiu entre **66** e **104** pontos, obteve um resultado mediano. Está indo bem. Continue nesse caminho.
- Se a sua pontuação não chegou a **66** pontos, você precisa melhorar. Ainda restam alguns dias. Continue tentando.

Dia 4

Ser pontual

Já o enganaram alguma vez dizendo que o compromisso era meia hora antes, prevendo que você chegaria tarde? Se a resposta for afirmativa, recomendamos que você leia este parágrafo. Como você se sente quando chega tarde? Como acha que se sente a pessoa que espera? Às vezes, a impontualidade passa de consequência do estresse à causa do mesmo. No dia de hoje, daremos umas sugestões para melhorar a pontualidade que talvez se encaixem no seu caso e lhe sejam úteis.

1 Caminho

Complete a tabela com todos os números que faltam, de maneira que você possa unir os números de 1 a 25 em um só traço e sem que a linha se corte.

		9		
				2
15		5		
	19		25	

2 O caixa

5x3

Imagine que você trabalha em um supermercado e que alguns clientes, apesar de bem-intencionados, não facilitam o troco. Calcule mentalmente qual é o troco que precisa dar a partir do dinheiro que recebe.

42,85

3 Caça-palavra

! Este caça-palavra complementa o da página 39. Agora, você deve encontrar os ingredientes das comidas típicas da atividade anterior.

Abóbora	Cheiro-verde	Leite de coco	Pata de boi
Açúcar	Coco ralado	Linguiça	Polvilho azedo
Alho	Colorau	Margarina	Sal grosso
Azeite de dendê	Couve	Milho	
Bacon	Farinha de mandioca	Miúdos de porco	
Carnes	Fermento em pó	Ovos	

G	R	K	H	S	J	L	N	F	E	R	M	E	N	T	O	E	M	P	O
O	C	R	O	P	E	D	S	O	D	U	I	M	M	T	M	I	X	D	F
G	G	I	B	V	V	J	A	L	G	T	K	D	N	E	O	S	A	J	M
I	L	B	I	S	I	B	Z	N	E	M	K	R	R	B	B	F	Ç	C	W
J	Y	Y	O	F	J	Z	E	F	N	I	Y	Y	E	K	S	I	U	D	V
G	S	V	V	W	D	Z	I	W	V	R	T	D	G	J	F	M	C	W	C
R	O	S	G	I	S	D	T	Y	W	M	A	E	B	J	N	K	A	G	H
A	B	O	B	O	R	A	E	C	E	T	G	F	D	B	D	K	R	N	E
J	T	T	J	L	B	B	D	Z	A	Y	Y	A	L	E	N	H	R	S	I
T	A	L	H	O	N	N	E	P	S	I	X	R	F	D	C	E	N	K	R
F			N	Z	X	X	D	I	G	F	N	I	D	I	S	O	J	B	O
				S	S	S	E	V	S	I	V	N	R	X	K	C	C	Z	V
				D	T	N	N	M	T	B	W	H	V	M	L	M	B	O	E
				D	V	H	D	I	H	B	J	A	E	B	C	V	Y	X	R
M			F	E	B	M	E	O	M	A	R	D	N	A	J	L	C	V	D
S	Y	N	V	T	D	J	S	B	N	E	W	E	Y	C	Y	M	O	G	E
C	G	U	C	J	K	S	T	I	B	E	S	M	L	O	M	L	L	K	D
Y	O	J	N	F	O	Z	R	J	X	C	W	A	W	N	B	Y	O	J	T
C	Z	K	Z	R	Y	A	J	G	B	V	I	N	X	Y	Z	V	R	I	S
S	X	J	G	M	G	K	M	I	L	H	O	D	C	K	R	Z	A	J	K
W	S	L	G	R	G	I	I	N	T	X	H	I	J	A	H	C	U	N	M
L	A	N	A	A	Ç	I	U	G	N	I	L	O	J	B	R	Y	Z	D	T
S	D	M	S	E	C	D	W	I	W	C	I	C	K	K	M	N	C	D	W
O	D	A	L	A	R	O	C	O	C	L	I	A	K	F	T	V	E	R	K
G	L	T	W	P	O	L	V	I	L	H	O	A	Z	E	D	O	Y	S	R

4 Rosca matemática

5x3

Qual é o valor da rosca, sabendo que os blocos laranja subtraem e os brancos somam?

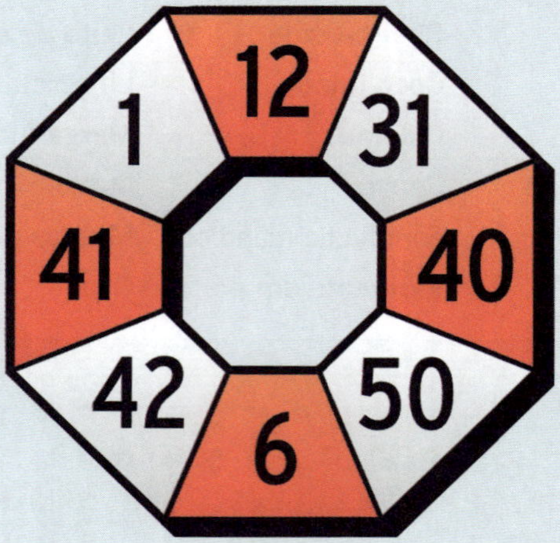

5 Provérbio disfarçado

No texto a seguir, aparece um provérbio disfarçado com uma linguagem muito floreada.

EXEMPLO

Aquele que tem necessidade de fazer algo ou chegar rapidamente a algum lugar ingere alimento não suficientemente cozido.

SOLUÇÃO

"Quem tem pressa come cru."

Não surte efeito deixar correr lágrimas sobre o líquido branco produzido pela vaca entornado.

6 Palavras cruzadas simples

As palavras cruzadas simples testam sua capacidade de encontrar palavras a partir de uma definição e, portanto, melhoram sua habilidade de comunicação. O que propomos aqui não é como as cruzadas simples de costume, e sim uma forma diferente, apesar de o objetivo ser o mesmo.

Horizontais

1. Nome do símbolo da subtração (Mat.).
3. Lições do professor.
5. Desastre (?): efeito de um vazamento de petróleo no mar.
7. Amontoar; juntar.
9. Região aprazível em um deserto.
10. Pedra-(?), material de esculturas.

Verticais

1. Objeto de estudo da Psiquiatria.
2. Detalhe de sapatos femininos.
3. Neste momento.
4. Periodicidade ideal da visita ao dentista.
6. (?) de arte: são expostas em galerias.
8. Primeira mídia eletrônica.

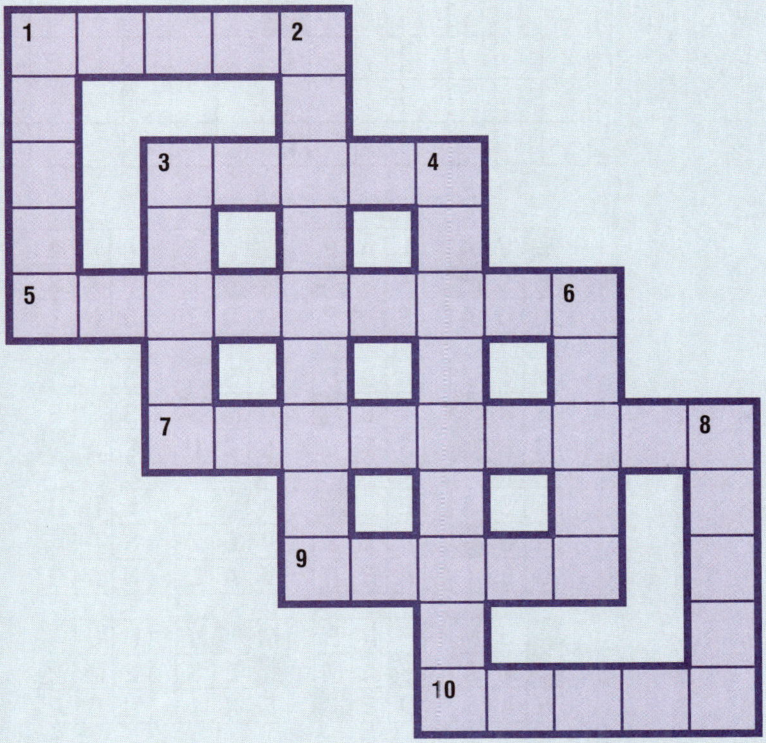

7 Blocos

O objetivo deste exercício é inserir as peças no quadriculado para ler uma citação e, ao final, descobrir o nome de quem disse essas palavras.

						A						
						T						
						I						
						P						
						S						
						■						
■ ,	T	E	M	■	A	P	E	N	A	S	■	U
						R						
						Q						
						■						
						C						
						I						
						Q						

. (■)	V	A
U	E	■
Q	U	A

L	Á	V
A	S	■
S	■	P

■	D	E
■	■	E
R	O	Z

A	R	A
O	A	S
O	U	T

M	I	Z
E	S	,
O	R	■

A	L	O
T	E	■
S	T	E

À	S	■
U	M	■
L	C	U

S	E	■
S	S	E
Ç	A	■

I	S	A
G	O	. (■)
U	E	I

E	L	■
P	E	S
A	R	A

A	■	A
V	E	Z
V	A	L

L	O	R
S	Ó	■
N	D	O

■	U	M
■	M	A
R	A	S

P	R	E
■	A	M
D	E	■

M	■	V
■	E	S
E	X	I

D	E	, (■)
E	M	■
N	C	A

8 Barcos

Os dígitos das partes à direita e abaixo mostram quantos campos ocupam os barcos em uma fila ou coluna. Eles podem estar na horizontal ou na vertical e nunca ocupam campos adjacentes, nem na diagonal. Aproveite as dicas!

Esta frota é composta por 1 blindado, 2 cruzeiros, 3destróieres e 4 submarinos.

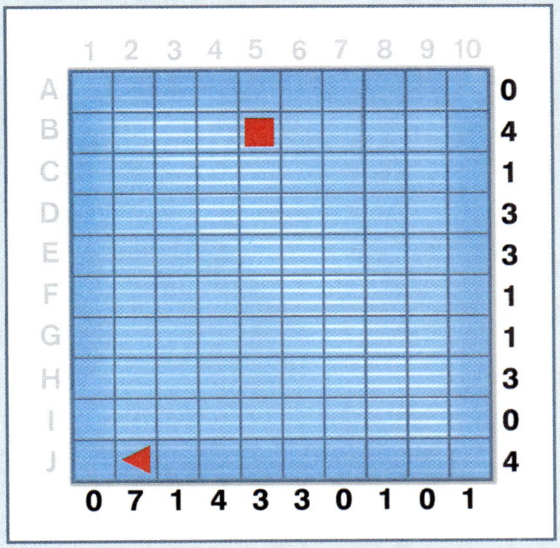

9 Definições

Descubra os sinônimos das palavras que propomos a seguir.

1. Abra

A. Magia. **B.** Baía. **C.** Canal. **D.** Papel.

2. Fileira

A. Fila. **B.** Esquadra. **C.** Elemento arquitetônico. **D.** Utensílio de pesca.

3. Ocaso

A. Roda. **B.** Brinquedo. **C.** Peça de roupa. **D.** Pôr do sol.

4. Fiorde

A. Acidente geográfico. **B.** Bebida. **C.** Utensílio de costura. **D.** Barro.

5. Nau

A. Álcool. **B.** Estúpido. **C.** Embarcação. **D.** Nuvem.

6. Petrechos

A. Imposto. **B.** Assento. **C.** Artefatos necessários à confecção de algo. **D.** Vento.

7. Mazurca

A. Planta. **B.** Dança de origem polonesa. **C.** Caminho. **D.** Prato.

8. Déspota

A. Governante tirânico. **B.** Inseto. **C.** Grão. **D.** Doente.

9. Cascalho

A. Fita de vídeo. **B.** Comida. **C.** Luz. **D.** Conjunto de pedras.

10. Cachimbo

A. Golpe. **B.** Chapéu. **C.** Utensílio para fumar. **D.** Carteira.

11. Almoeda

A. Galeria. **B.** Venda pública. **C.** Bilhete. **D.** Pasta

12. Epístola

A. Cinto. **B.** Arma. **C.** Carta. **D.** Parte da flor.

13. Bubão

A. Tipo de tumor. **B.** Calça. **C.** Mariposa. **D.** Cama.

14. Mesclar

A. Ficar tonto. **B.** Crescer. **C.** Agarrar forte. **D.** Amalgamar-se.

15. Jaguatirica

A. Arbusto. **B.** Homem rude. **C.** Mamífero. **D.** Construção.

4 12 6

10 Mapa-múndi

Agora você testará seus conhecimentos de Geografia mundial. Para isso, apresentamos um mapa-múndi com vários países, cada um marcado com uma letra. O objetivo é relacionar as fotos, tiradas em países diferentes, com suas letras correspondentes no mapa para descobrir a palavra oculta. O número de letras da palavra é igual ao número de fotos.

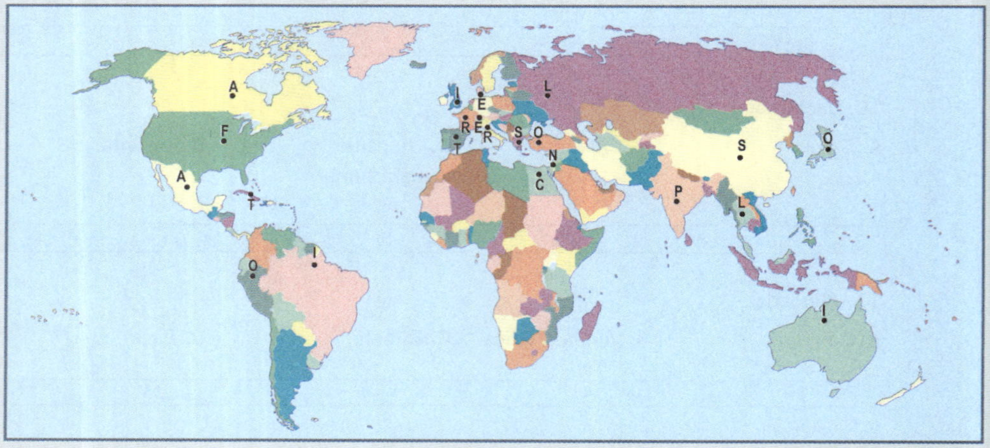

Dica: a palavra oculta se refere a um animal selvagem.

11 Ordem das letras

Ordene as letras e você encontrará cinco rios brasileiros.

1. C S S F A R Ã O C N O I
2. R N O G E
3. I S M Õ L S E O
4. O A S M A Z A N
5. N U O Q H I J H T A N E I

5 4

12 Círculos

Encontre a palavra oculta em cada círculo, tendo em mente que ela pode estar escrita no sentido horário ou anti-horário.

4

13 Problema

Dois camelos

No meio do deserto, havia dois camelos voltados para direções opostas. Um olhava diretamente para o leste e o outro para o oeste.

Como puderam ver um ao outro sem caminhar, virar nem mexer a cabeça, sabendo que não havia nada em que se refletir nem ninguém que pudesse ajudá-los?

14 Equações verbais

Uma equação verbal é formada por uma combinação de números e iniciais. Descubra que frase ou ditado se esconde em cada equação. Será um bom treinamento para sua capacidade de associar palavras.

1 **12 H e 1 S**

2 **007 P para M**

3 **101 D**

Um conselho básico se você é um dos que chegam tarde porque a orientação não é seu forte: consiga, antes, um mapa do lugar aonde você quer ir!

Pense se realmente quer ir ou não ao lugar do compromisso, supondo que você possa escolher. Se não quiser, mas tiver que ir mesmo assim, assuma o quanto antes que é provável que seja custoso para você sair de casa e que há um milhão de coisas que você logo pensará em fazer justo antes de ir. Se você se organizar com tempo, será mais fácil chegar no horário. Se você fizer as tarefas pendentes enquanto se aproxima do lugar do compromisso, já estará por lá quando a hora chegar.

Tome consciência de seu ritmo para fazer as coisas e, sobretudo, de como você gosta que seja esse ritmo: parcimonioso; sem pressa, mas sem pausa; acelerado etc. Cada um tem o seu, mas é prático ser consciente disso ao acumular tarefas para um mesmo dia.

Se você não sabe por que acontece, mas o caso é que, justo no momento em que você teria chegado pontualmente se tivesse saído com tempo de casa, se lembra daquilo que tinha pendente para ontem ou logo surge um monte de coisas que chamam sua atenção, recomendamos que você pense no que costuma fazer quando é pontual. Qual é a diferença? Pode lhe ser muito útil o recurso da lista de coisas pendentes e checar a agenda no dia anterior.

Avaliação diária

Dia 4

01	8 6 3	02	12 8 5	03	12 8 5	04	8 6 3
05	8 6 3	06	8 6 3	07	10 6 4	08	9 6 3
09	8 6 3	10	7 4 2	11	8 6 3	12	8 6 3
13	8 6 3	14	7 4 2			Total	

- Se você somou mais de **103** pontos, muito bem! Tente obter o mesmo amanhã.
- Se você conseguiu entre **65** e **103** pontos, obteve um resultado mediano. Jogar e continuar praticando é o caminho para se chegar ao nível máximo.
- Se a sua pontuação não chegou a **65**, você precisa melhorar. Há mais oportunidades de treino. Continue se esforçando.

Dia 5

Escolher momentos em que o tempo "pare"

Vamos tentar experimentar a sensação de que não há nada para fazer, não há nada pendente, não há que cumprir horário algum. Já tendo treinado a consciência do tempo, hoje vamos nos dedicar a desfrutar dela. Procuramos, com isso, na medida do possível, que o relógio não se transforme em nosso inimigo, com o qual estamos em uma contínua luta, e sim um mecanismo que serve ao tempo, para que este tenha forma, e, a nós, para que façamos uma coisa depois da outra.

1 A parte

Abaixo da ilustração de cima, mostramos cinco peças, mas só uma se encaixa nela. Você consegue descobrir?

A

B

C

D

E

2 O caixa

5x3

Imagine que você trabalha em um supermercado e que alguns clientes, apesar de bem-intencionados, não facilitam o troco. Calcule, mentalmente, qual é o troco que precisa dar a partir do dinheiro que recebe.

81,03

3 Kakuro

5x3

Os kakuros são para os números os que as palavras cruzadas são para as letras. Sendo assim, trata-se de completar os campos tendo em conta que o número que aparece nos campos pretos seria o equivalente às definições, ou seja, representam a soma dos números de uma fila ou coluna. Todos são números de 1 a 9 e não podem se repetir em um mesmo bloco de uma mesma fila ou coluna.

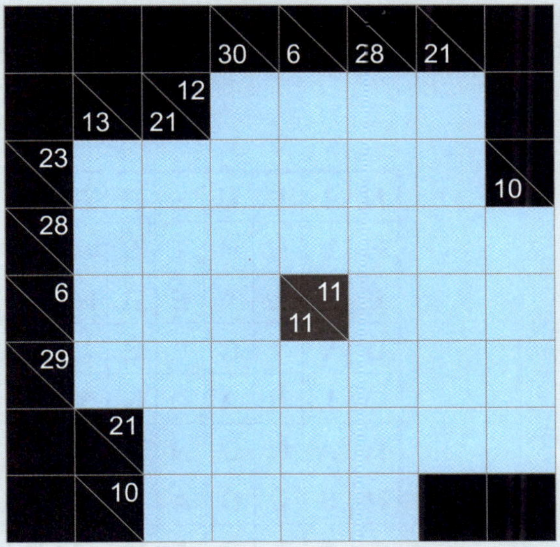

5

4 Logograma

Os logogramas consistem em encontrar uma palavra-enigma com cujas sílabas outras palavras se formam. Damos dicas que se referem a palavras que podem ser formadas com as sílabas da palavra-enigma. Apenas a última dica se refere à palavra-enigma. Você deve descobrir a palavra-enigma e todas as que se formam com ela.

EXEMPLO

Um mais três, aba do chapéu; dois mais três, base do quadro. Um mais dois mais três, osso do joelho. A solução é "patela": com as sílabas um e três (pa+la), você responde à primeira questão e, com as sílabas dois e três (te+la), você responde à segunda. As três sílabas juntas formam a palavra-enigma.

Um mais três, cachimbo; dois mais três, tipo de jogo de azar; um mais dois mais três, aviador.

1 2

5 Letras embaralhadas

Nesta embaralhada, as letras procuradas se encontram em campos contíguos na horizontal, vertical ou diagonal. Você saberá encontrar 13 cidades brasileiras? Pode passar pelos quadrados mais de uma vez, mas não na mesma palavra.

N	I	E	U	S	E	R	E
H	V	H	N	I	S	A	T
E	A	L	A	E	B	M	P
D	V	I	C	L	E	L	A
O	L	N	A	D	N	T	R
R	A	H	O	N	I	M	A
N	S	L	S	A	P	L	T
A	T	A	C	A	M	O	Y

7 10 6

6 Blocos

O objetivo deste exercício é inserir as peças no quadriculado para ler uma citação e, ao final, descobrir o nome de quem disse essas palavras.

						D						
						A						
						E						
						■						
						N						
						O						
A	L	T	O	■	D	E	M	A	I	S	■	E
						■						
						■						
						S						
						M						
						J						
						L						

O	■	O
S	,	E
L	E	■

■	E	■
S	.	■
E	L	O

■	N	Ã
E	M	O
E	■	E

A	I	S
A	M	O
A	N	G

A	N	C
■	Q	U
■	B	A

É	■	O
U	E	■
T	I	V

I	X	O
O	■	A
■	M	I

A	L	C
S	I	M
E	J	A

E	■	P
■	A	■
■	N	Ó

O	■	G
G	O	■
O	R	I

O	■	D
O	■	O
J	A	■

Ã	O	■
E	■	Q
B	J	E

F	A	T
O	S	S
■	S	E

■	D	E
T	I	N
C	H	E

E	R	I
M	A	I
S	■	N

R	A	N
P	A	R
A	■	D

5

4 6

7 Palavras enredadas

Comece no campo colorido e, seguindo as linhas sem passar duas vezes pela mesma letra, encontre uma palavra relacionada a CORTESIA.

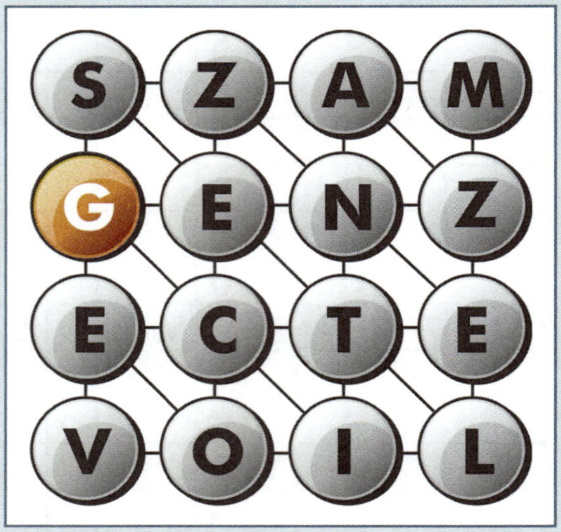

8 Jogo com fósforos

Mova três fósforos e forme três losangos.

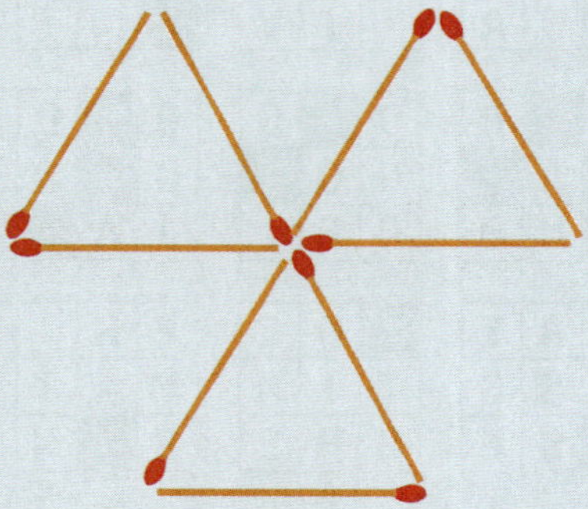

9 Cruzada numérica

Complete o quadriculado com os números que aparecem abaixo.

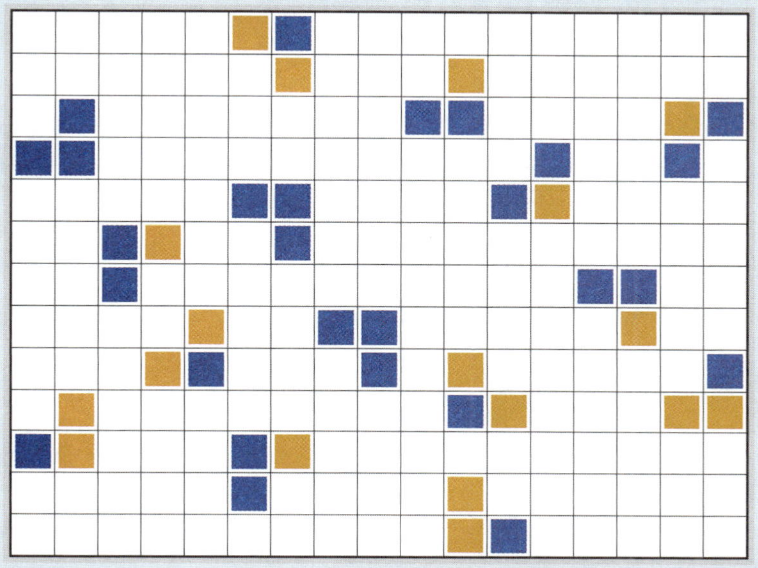

2 ALGARISMOS
13,24,27,29,33,34,35,38
42,57,69,73,77,78,87,94
97

3 ALGARISMOS
147,254,258,273,424,472
552,585,840,921

4 ALGARISMOS
1299,1472,2475,3491
4257,5643,7768,8526
8642,8874,9927

5 ALGARISMOS
24865,24868,33663
35342,42787,42869
43793,49641,49928
52001,53268,63456
68490,87412,91047

6 ALGARISMOS
125764,226454,265682
368942,555487,584372
717589,951247

7 ALGARISMOS
3461401,5137372
8497936,8792534

8 ALGARISMOS
57126987,69132365

10 ALGARISMOS
2478963142,5381927132
6523471897,6821736489
7080569437,7458213469
8983877222

4 6

5

Arranje meia hora no dia para não planejar nada. Nada!

10 Definições

O português é falado no Brasil, em Portugal, entre outros países. Porém, nem sempre uma palavra conhecida aqui tem o mesmo uso em Portugal. Vamos ver se você sabe o que as palavras portuguesas abaixo significam no Brasil.

1. Bica

A. Prefeito. **B.** Amendoim. **C.** Cafezinho. **D.** Torneira.

2. Bicha

A. Planta. **B.** Verme. **C.** Fila. **D.** Telefone.

3. Cueca

A. Calcinha. **B.** Olho. **C.** Dente de siso. **D.** Short.

4. Passadeira

A. Faixa de pedestres. **B.** Mancha. **C.** Alimento infantil. **D.** Tábua.

5. Esmalte

A. Tinta para unhas. **B.** Verniz. **C.** Menino. **D.** Queda.

6. Peão

A. Ladrão. **B.** Pedestre. **C.** Soldado. **D.** Peça do jogo de damas.

7. Tasca

A. Coalhada. **B.** Surra. **C.** Botequim. **D.** Edifício administrativo.

8. Autocarro

A. Ônibus. **B.** Carro de passeio. **C.** Raiz. **D.** Alma.

9. Esquadra

A. Dança popular. **B.** Paisagem. **C.** Lago. **D.** Delegacia.

10. Pera

A. Inseto. **B.** Cavanhaque. **C.** Sorriso. **D.** Fruta.

11. Massa

A. Grana. **B.** Cimento. **C.** Golpe. **D.** Farinha.

12. Fato

A. Bebida. **B.** Terno. **C.** Acontecimento. **D.** Mão.

13. Guarda-redes

A. Armário. **B.** Umbigo. **C.** Sutiã. **D.** Goleiro.

14. Apelido

A. Forma reduzida do nome. **B.** Comida abundante. **C.** Sobrenome. **D.** Cem.

15. Camisola

A. Roupa de dormir. **B.** Camiseta. **C.** Parede. **D.** Vestido.

11 Verso musical

Insira adequadamente os campos cinza abaixo nos espaços vazios de modo que se leia o verso de uma conhecida canção.

	EU		TA	
TAN		DE		CÊ

VA	GOS	VO	E	TO

12 Quem é?

Vendo só a imagem, você consegue descobrir quem é o personagem da foto? Se não descobrir, você pode ler, pouco a pouco, as dicas abaixo para ver se assim o reconhece.

Começou a praticar esportes aos treze anos e é recordista de semanas como o número 1 do mundo. Desde o início até hoje, percorreu um vertiginoso caminho repleto de recordes.

1 2

Escolha uma brecha em que você possa fazer algo que aproveite bastante e com o que costuma dizer: "Ufa, quando faço isso, perco a noção do tempo".

13 Ordem das letras

Ordene as letras e descubra cinco elementos que podem ser encontrados em um acampamento.

1. S L Ú S O B A
2. T N E A R L N A
3. L N A T I C
4. R A C B R A A
5. I F U A R G E O

14 Simétricos

Encontre 3 letras, números ou símbolos que não aparecem de maneira simétrica na imagem em negativo.

Avaliação diária

Dia 5

01	7 4 2	02	12 8 5	03	14 10 8	04	8 6 3
05	12 8 5	06	10 6 4	07	7 4 2	08	10 6 4
09	8 6 3	10	8 6 3	11	8 6 3	12	8 6 3
13	8 6 3	14	7 4 2			Total	

- Se você somou mais de **107** pontos, sua mente está na melhor forma!
- Se você conseguiu entre **68** e **107** pontos, obteve um resultado mediano. Adiante! Você segue num bom ritmo.
- Se a sua pontuação não chegou a **68**, você precisa melhorar. Não deve se render. Continue praticando. O importante é o treino.

Dia 6

Fazer a história do meu tempo

Hoje tentaremos ser nossos próprios historiadores. Não é preciso remontar a anos atrás, mas pode ser assim, se você desejar. Simplesmente, nos concentraremos no mês passado. Talvez você já tivesse uma boa consciência do tempo e já o saboreasse como se pudesse bebê-lo, mas, ainda assim, o incentivamos a pôr por escrito aquelas coisas que você acredita que tenham ficado pelo caminho e as que, pelo contrário, você conseguiu fazer ou viver.

1 Repetições

Nesta reunião de personagens de Shakespeare, se juntaram dois atores de personagens repetidos. Você sabe quais são?

2 Problema

Pepe e o salão de beleza

Um dia, Pepe visitou um povoado pela primeira vez e quis cortar o cabelo. Havia dois cabeleireiros. O primeiro tinha um bom corte de cabelo e seu salão estava limpo e sem clientes. O segundo tinha o cabelo mal cortado e o chão do salão estava muito sujo. Apesar disso, Pepe cortou o cabelo no segundo estabelecimento.

Por quê?

3 Imagens distorcidas

Resolva as operações apresentadas por esta série de números deformados. Tenha em mente que, para fazer este exercício, é provável que você precise olhar para o livro de outro ponto de vista.

4 Triângulo numérico

5x3

Neste exercício, você deve inserir os números de 1 a 16 de forma que não se repitam e que se cumpram as somas das margens. Leve em conta as dicas que damos no quadro a seguir.

EXEMPLO E DICAS

Os campos amarelos contêm números entre 1 e 9. Os campos verdes, números entre 10 e 19. Os campos furados contêm números pares. Aqui, você tem um exemplo e a solução.

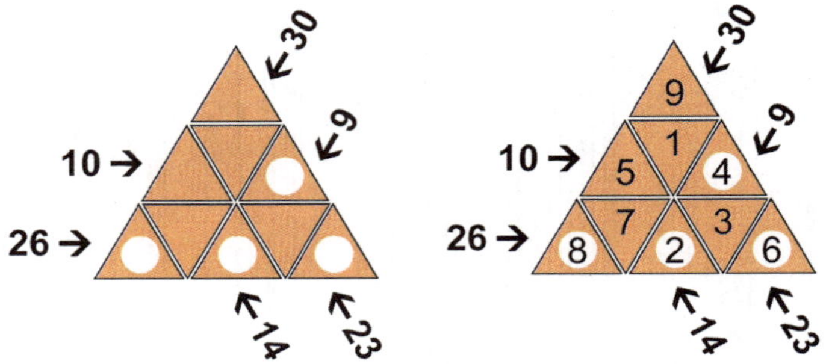

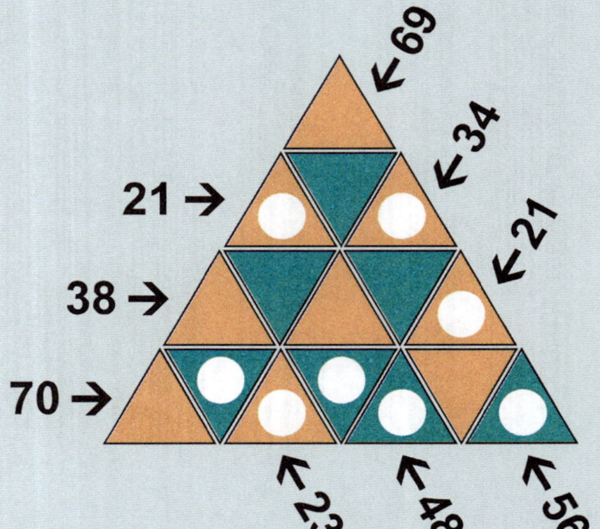

5 Circuito

5x3

Neste jogo, você deve percorrer um circuito no sentido indicado pelas setas, partindo da cifra do campo amarelo, e ir solucionando mentalmente as sucessivas operações indicadas em cada campo até chegar ao que aparece com uma letra, onde você tem que pôr o resultado. Tome cuidado nas bifurcações. Lembre-se: você deve fazer isso mentalmente.

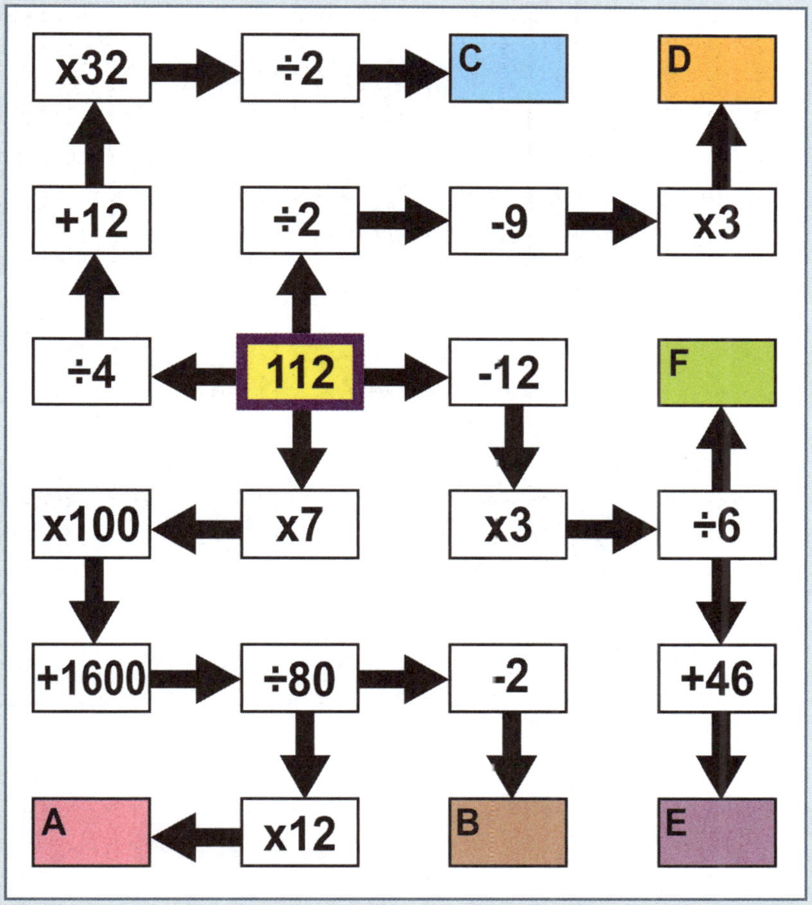

6 Em rede

Neste jogo, você deve formar uma palavra de catorze letras saltando de letra em letra. É preciso empregar todas as letras, mas apenas uma vez cada, e cada letra deve se unir à seguinte por uma linha.

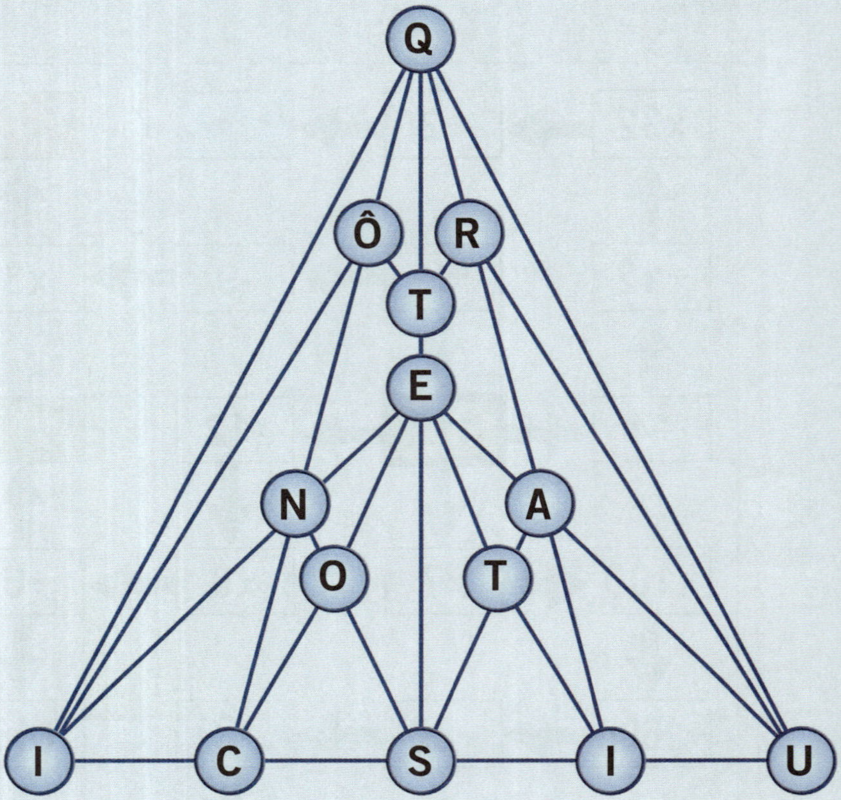

7 Pic-a-pix

O objetivo do pic-a-pix é descobrir quais quadradinhos devem ser pintados (ou deixados em branco).

A grade é formada por quadradinhos. Note que existem números em cima de cada coluna e à esquerda de cada linha. Eles indicam quantos quadradinhos devem ser pintados em sequência, formando, assim, blocos.

A sequência de blocos, da esquerda para a direita e de cima para baixo, deve ser sempre respeitada. Entre os blocos, deve haver, pelo menos, um espaço vazio, que pode ser preenchido com X para facilitar a visualização.

O ideal é começar pelos números maiores ou pela sequência de maior soma, tanto na vertical quanto na horizontal.

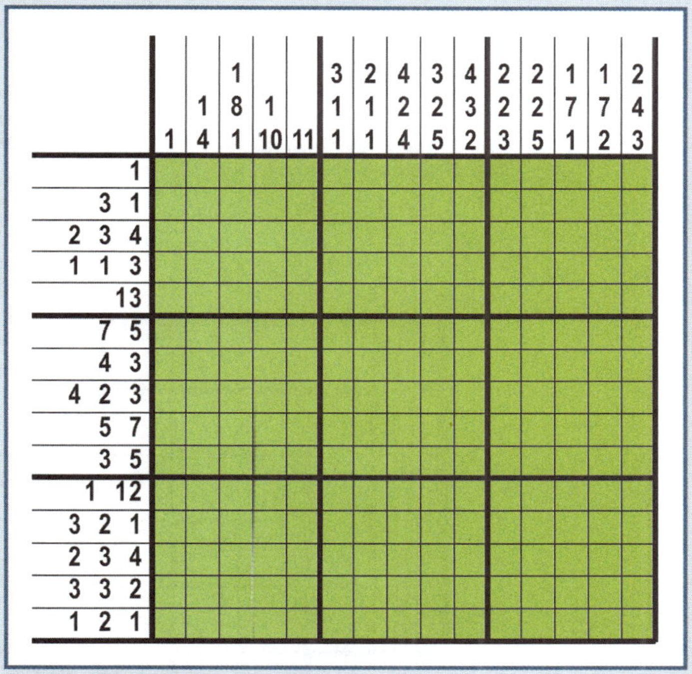

6

Remonte-se a um mês atrás e anote aquilo que acredita que não pôs em prática. Por quê? Deixou de se interessar? Deu prioridade a outras coisas? Esqueceu? Como tem sido este mês? Você imaginava que seria assim? Faça o mesmo com uma semana e com o dia de ontem.

8 Palavras cruzadas simples

As palavras cruzadas simples testam sua capacidade de encontrar palavras a partir de uma definição e, portanto, melhoram sua habilidade de comunicação. O que propomos aqui não é como as cruzadas simples de costume, e sim uma forma diferente, apesar de o objetivo ser o mesmo.

Horizontais

1. Parte do teatro destinada aos atores.
3. Local para estocagem de vinhos.
5. Documento de propriedade de imóvel.
7. Delicadeza.
9. Estágio de um processo.
10. Atestado de (?): comprova a morte.

Verticais

1. Líder de uma paróquia.
2. Doença caracterizada pelo aumento excessivo da massa corpórea.
3. (?) da Lapa, ponto turístico do Rio de Janeiro.
4. Louco; fora de si.
6. Ave amazônica muito colorida.
8. Filho de Jocasta (Mit. grega).

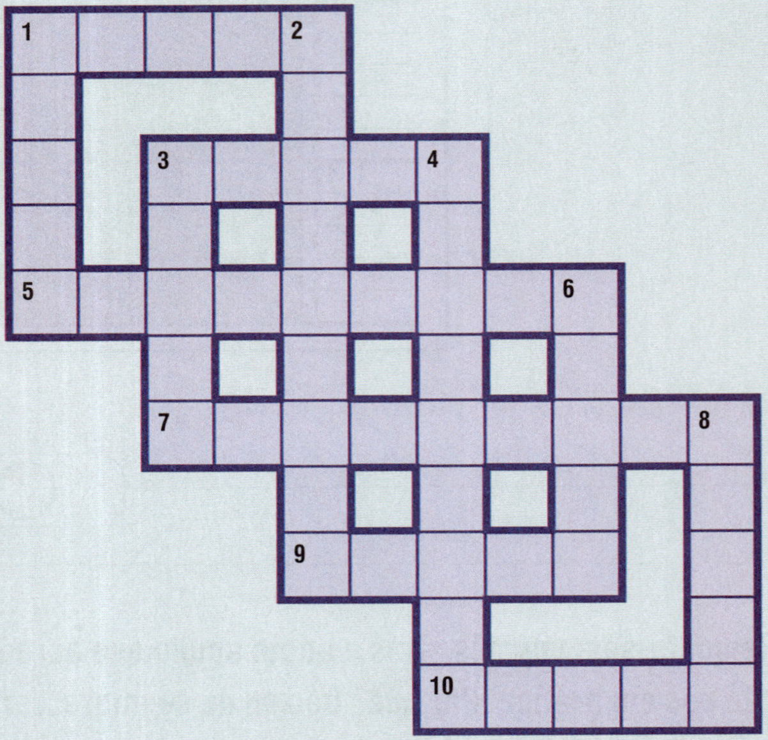

9 Correspondências

Destes cartazes, tiramos os títulos, os nomes dos protagonistas e qualquer outra informação escrita. Você sabe a que filme eles correspondem?

O SEGREDO DO ABISMO; ALTA FIDELIDADE; NOIVO NEURÓTICO, NOIVA NERVOSA; MÁQUINA MORTÍFERA 4; ARMAGEDOM; OUTLAND: COMANDO TITÂNIO; BILLY ELLIOT; CUBO; CHRISTINE, O CARRO ASSASSINO; O EXTERMINADOR DO FUTURO 2: O JULGAMENTO FINAL; ENCONTRANDO FORRESTER; A COR PÚRPURA; FARGO; A MÁSCARA DO ZORRO; A PRAIA; LIMITE VERTICAL; MARATONA DA MORTE; AMOR ALÉM DA VIDA; A FRATERNIDADE É VERMELHA; RONIN.

6

10 Definições

Neste exercício, você deve encontrar a definição ou o sinônimo de cada palavra proposta. Das quatro possíveis, apenas uma está correta.

1. Cidreira

A. Ser mitológico. **B.** Árvore rutácea. **C.** Peixe. **D.** Tipo de nuvem.

2. Ominar

A. Predizer. **B.** Evitar. **C.** Olhar ao longe. **D.** Apalpar.

3. Amolecer

A. Engordar. **B.** Cochilar. **C.** Abrandar. **D.** Empapar.

4. Pacato

A. Sossegado. **B.** Doente. **C.** Marrom. **D.** Triste.

5. Grama

A. Dinheiro. **B.** Vestimenta. **C.** Carcaça. **D.** Planta.

6. Trejeito

A. Passaporte. **B.** Careta. **C.** Tela. **D.** Bordado.

7. Pachorra

A. Prato típico. **B.** Remédio. **C.** Lentidão. **D.** Música.

2 6 4

11 Ordem das letras

Ordene as letras e você encontrará cinco países.

1. F A N O S Ã G A T I E
2. I L A T I Á
3. R D M A G A S A A C
4. A N Â A Z N I T
5. Q P I Ã T A O S U

3 5 4

12 Provérbio disfarçado

No texto a seguir, aparece um provérbio disfarçado com uma linguagem muito floreada.

EXEMPLO

Cada primata na sua parte ou subparte do caule das árvores, arbustos ou outros vegetais.

SOLUÇÃO

"Cada macaco no seu galho."

No período entre o pôr do sol e o amanhecer, todos os pequenos mamíferos da família dos felídeos são da cor entre o amarelo e o marrom.

1 2

13 Acróstico

Neste exercício, você deve encontrar a palavra a que cada definição se refere e escrever a resposta no quadriculado. Depois de completar todos os campos, na coluna reticulada, você encontrará um autor, e o código do quadro abaixo apresentará uma citação dele.

1. Máquina para cópia de documentos. Fragmento de rocha.
2. Conjunto de relações entre o meio e os seres vivos.
3. Estilo literário de "O Cortiço", de Aluísio Azevedo.
4. Falta de clareza em um assunto.
5. Desjejum.
6. Repor combustível no carro.
7. Atividade própria do escoteiro.
8. A opinião parcial.
9. Material necessário a qualquer atividade.
10. Tecido comum em uniformes. A linha que separa o amor do ódio (pop.).

	A	B	C	D	E	F	G	H	I	J	K
1											
2											
3											
4											
5											
6											
7											
8											
9											
10											

Frase célebre

E10/C1/K6/I2/G1/B6/F8/H4/K3-G9/H7; E5/H1; I6/K9/F2/J8/K2/F6; B9/J10/H9; J4/H3/D2/C4/B1; G5/K1/I3; D10/C7/J2/K8/D9/E2; D8/C2; G7/H6/D3; G2/H8/G3/H10/I5/B7/G4/K7.

14 Bilhar

Nesta espécie de mesa de bilhar circular, pusemos várias bolas de cores diferentes. Imagine-se observando a jogada com o queixo apoiado na mesa. Desse modo, umas bolas encobrem as outras. O objetivo do jogo é descobrir suas posições. Para isso, estabeleça a correspondência entre as letras e os números.

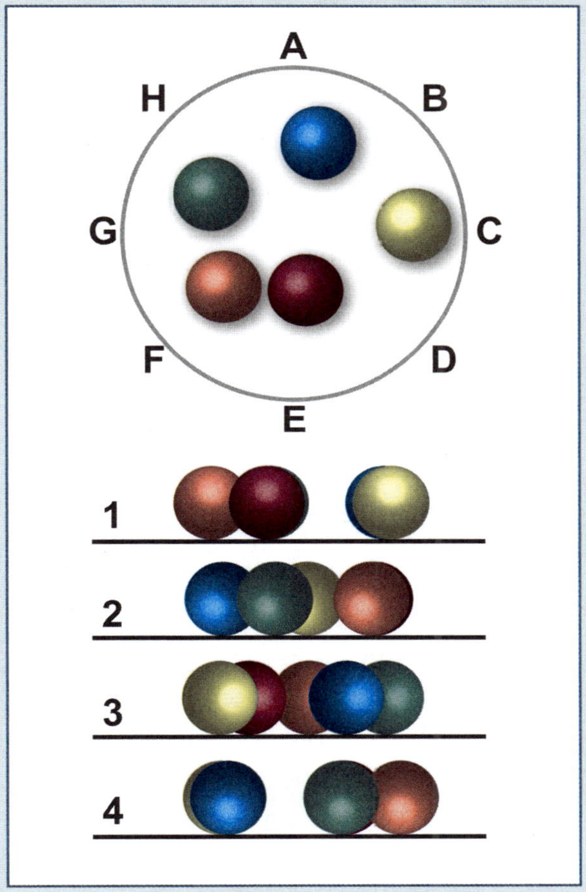

Agora tomaremos o mês que vem, a semana que vem e amanhã.
O que você espera? Que objetivos tem? Você vê os dias muito distantes?
Anote suas respostas e, depois de um mês, releia o que escreveu.

Avaliação diária

Dia 6

01	9 6 3	02	8 6 3	03	9 6 3	04	7 4 2
05	9 6 3	06	9 6 3	07	8 6 3	08	8 6 3
09	9 6 3	10	9 6 3	11	8 6 3	12	8 6 3
13	9 6 3	14	8 6 3			Total	

- Se você somou mais de **100** pontos, é fantástico! Dá para notar que você tem praticado muito.
- Se você conseguiu entre **62** e **100** pontos, obteve um resultado mediano. Sua mente está aberta. Com um pouco mais de treino, você pode chegar bem longe.
- Se a sua pontuação não chegou a **62**, você precisa melhorar. Não jogue a toalha. O esforço tem sempre sua recompensa.

Dia 7

Desfrutar do tempo livre

Posto que você já está há seis dias treinando a gestão do tempo, que melhor maneira de pôr em prática todo o aprendido do que em seu dia livre? Incentivamos você a pôr em prática o que assimilou durante a semana neste dia, mas sem associá-lo à produtividade e obrigatoriedade, e sim a uma postura com relação a si mesmo e ao que você realmente quer.

1 Jogo dos erros

Encontre as 7 diferenças entre as duas imagens.

Comece saboreando seus minutos desde o momento em que o despertador tocar, se é que você o programou, claro.

Abra sua agenda e trace o dia de hoje. O que vai fazer? O que espera de seu dia?

2 Caminho

Complete o trajeto para unir os números de 1 a 25 em um só traço e sem que a linha se corte.

		17		
		12		
23				9
			5	
25	2			

3 Verso musical

Insira adequadamente os campos cinza abaixo nos espaços vazios de modo que se leia um conhecido verso musical.

	A		SE	
CÊ		EM		RA

BO MOR VO FOR MEU

4 Rosca matemática

Qual é o valor da rosca, sabendo que os blocos laranja subtraem e os brancos somam?

5 Provérbio disfarçado

No texto a seguir, aparece um provérbio disfarçado com uma linguagem muito floreada.

EXEMPLO

Parte superior do corpo humano que não contém nada ou quase nada, é laboratório do anjo rebelde expulso do céu e precipitado no inferno.

SOLUÇÃO

"Cabeça vazia é oficina do diabo."

Crustáceo de carne comestível que está em estado de torpor ou inação orgânica a sinuosidade marinha transporta.

6 Jogando com dígitos e cores

5x3

Nestas duas operações, foi utilizada uma mesma correspondência de dígitos e cores. Descubra qual.

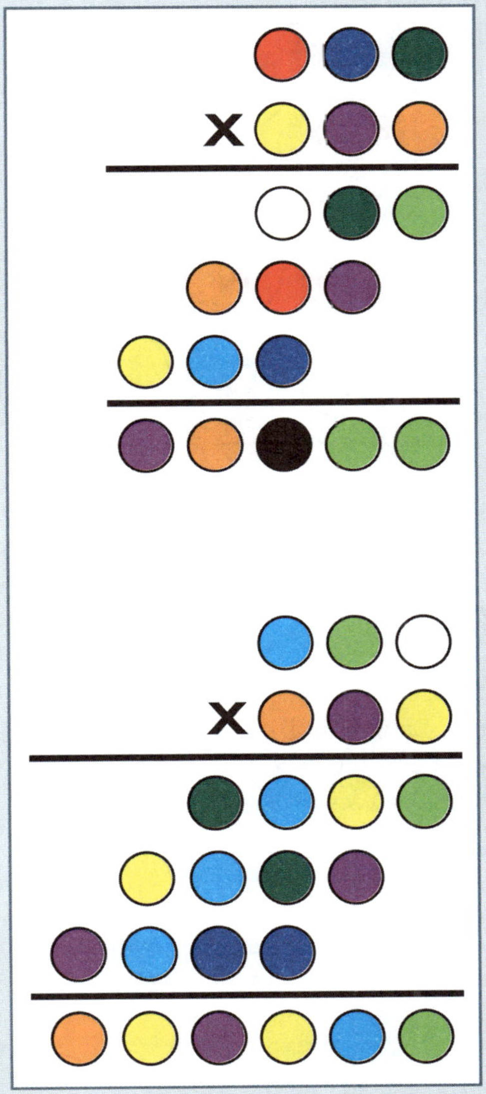

7 Palavras enredadas

Comece no campo colorido e, seguindo as linhas sem passar duas vezes pela mesma letra, encontre uma palavra relacionada a DETONAÇÃO.

8 Logograma

Os logogramas consistem em encontrar uma palavra-enigma com cujas sílabas outras palavras se formam. Damos dicas que se referem a palavras que podem ser formadas com as sílabas da palavra-enigma. Apenas a última dica se refere à palavra-enigma. Você deve descobrir a palavra-enigma e todas as que se formam com ela.

EXEMPLO

Um mais dois, união ou pacto. Dois mais três, rebanho bovino. Um mais dois mais três, que está aceso. A solução é "ligado": com as sílabas um e dois (li+ga), você responde à primeira questão e, com as sílabas dois e três (ga+do), você responde à segunda. As três sílabas juntas formam a palavra-enigma.

Um mais três, consistência do mingau. Dois mais três, secreção do fígado. Um mais dois mais três, enfeite no berço do bebê.

9 Pic-a-pix

O objetivo do pic-a-pix é descobrir quais quadradinhos devem ser pintados (ou deixados em branco).

A grade é formada por quadradinhos. Note que existem números em cima de cada coluna e à esquerda de cada linha. Eles indicam quantos quadradinhos devem ser pintados em sequência, formando, assim, blocos.

A sequência de blocos, da esquerda para a direita e de cima para baixo, deve ser sempre respeitada. Entre os blocos, deve haver, pelo menos, um espaço vazio, que pode ser preenchido com X para facilitar a visualização.

O ideal é começar pelos números maiores ou pela sequência de maior soma, tanto na vertical quanto na horizontal.

	1 1 1	9 2	8 3	4 2 3	4 1 2	3 1 3	1 8 2	5 2 2	4 4 1	3 1 3	2 3 2	2 4 2	3 3	3 2	2 2 1
1 1															
3 1 1															
4 2 1															
10 1															
8															
2 3															
4 3 1															
3 3 5															
2 1 4															
1 1 9															
2 5 1															
5 3 1															
7 4															
3 2 3															
2 1 1															

10 Memorizar tabelas

Estude a tabela durante o tempo que for preciso, memorizando a informação de cada campo. Procure modelos e dicas e se prepare para ser testado. Em seguida, cubra a tabela e responda às seis perguntas que desafiarão sua memória.

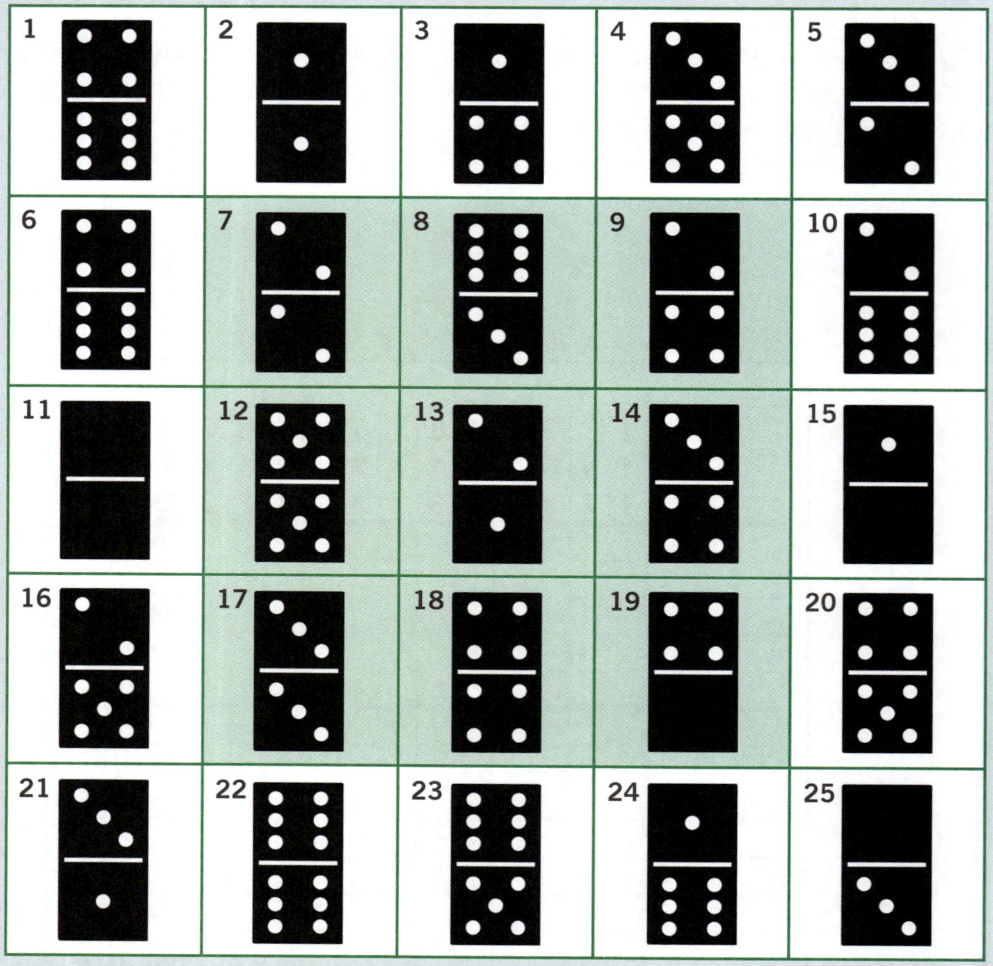

1. Em que fila há mais números seis?
2. Em que coluna está a maioria dos duplos?
3. Em que campo está o zero duplo?
4. Quanto somam os pontos do campo 4?
5. Quanto somam os pontos das fichas das esquinas 1 e 25?
6. Em que campo está o seis duplo?

11 Quem é?

Vendo só a imagem você consegue descobrir quem é a personagem da foto? Se não descobrir, você pode ler, pouco a pouco, as dicas abaixo para ver se assim a reconhece.

É cantora, dançarina, produtora, atriz, compositora, estilista, escritora e, ultimamente, diretora de Cinema americano. Estrela conhecida por reinventar sua imagem, por sua ambição, inovação e provocação nos vídeos musicais e espetáculos e pelo contínuo uso de símbolos políticos, religiosos e sexuais ao longo da carreira.

12 Canções

A seguir, apresentamos 28 cantores e grupos e várias canções. Todas são bastante conhecidas, embora umas mais que outras. Neste exercício, você deve relacionar cada tema a seu intérprete.

Canção			Intérprete
American Life	☐	☐	Alejandro Sanz
Billie Jean	☐	☐	Bruce Springsteen
Don't Speak	☐	☐	Rolling Stones
Heartbreak Hotel	☐	☐	Rihanna
Lei It Be	☐	☐	U2
Corazón Partío	☐	☐	ABBA
Sad Eyes	☐	☐	Roberto Carlos
Streets of Love	☐	☐	Caetano Veloso
Umbrella	☐	☐	Mariah Carey
Vertigo	☐	☐	Zeca Pagodinho
Waterloo	☐	☐	Maria Bethânia
Emoções	☐	☐	Cindy Lauper
Alegria, Alegria	☐	☐	Earth, Wind & Fire
Deixa a Vida Me Levar	☐	☐	Marisa Monte
True Color	☐	☐	Paralamas do Sucesso
Lanterna dos Afogados	☐	☐	Elton John
As Rosas Não Falam	☐	☐	Foo Fighters
Wonderwall	☐	☐	Guns N´ Roses
November Rain	☐	☐	Queen
Hero	☐	☐	Elvis Presley
Brincar de Viver	☐	☐	The Beatles
Vilarejo	☐	☐	Cartola
Yellow	☐	☐	Coldplay
September	☐	☐	Oasis
Somebody to Love	☐	☐	Trini Lopez
Guantanamera	☐	☐	Michael Jackson
Nikita	☐	☐	Madonna
Learn to Fly	☐	☐	No Doubt

4 20 10

13 Círculos

Encontre a palavra oculta em cada círculo, tendo em mente que ela pode estar escrita no sentido horário ou anti-horário.

14 A mágica dos números

Pense num número. Agora, some este número com 74. Depois, some com o resultado novamente o número que você pensou. Agora, divida o total por 2. Por fim, subtraia pelo número que você pensou.

Você chegou a 37? Parabéns, você é o mágico da Matemática! Se não conseguiu, continue tentando.
Teste outros números e se surpreenda com o resultado.

Avaliação diária

Dia 7

01	8 6 3	02	8 6 3	03	8 6 3	04	8 6 3
05	8 6 3	06	9 6 3	07	7 4 2	08	8 6 3
09	8 6 3	10	10 6 4	11	8 6 3	12	9 6 3
13	8 6 3	14	7 4 2			Total	

- Se você somou mais de **97** pontos, você é um ás! Chegou ao fim da semana em plena forma.
- Se você conseguiu entre **61** e **97** pontos, obteve um resultado mediano. Lembre-se de que, quanto mais treinar, mais rápido se tornará.
- Se a sua pontuação não chegou a **61**, você precisa melhorar. Na próxima semana, terá mais oportunidades de se testar.

Avaliação semanal

Semana 9

Dia 1	
Dia 2	
Dia 3	
Dia 4	
Dia 5	
Dia 6	
Dia 7	
Total da Semana	

- Se você conseguiu mais de **725** pontos, parabéns! Seu cérebro está a todo vapor. Continue assim!
- Se você conseguiu entre **459** e **725** pontos, pode ficar satisfeito. Para melhorar, repita os jogos em que obteve os piores resultados. Ânimo!
- Se a sua pontuação foi inferior a **459**, você precisa melhorar. O importante é treinar. Volte a jogar e verá melhora.

Soluções

Dia 1

1

2

O	V	A		C	I	A		F	O	Z
C		G		H		C		R		O
A	P	A	R	A	F	U	S	A	D	O
		R		D		M		G		
D	O	R	D	E	O	U	V	I	D	O
O		A		P		L		L		L
C	O	M	P	A	R	A	T	I	V	A
		E		N		T		D		
S	I	N	T	E	T	I	Z	A	D	O
U		T		L		V		D		R
A	Ç	O		A	V	O		E	M	A

3 Pagando R$ 1,50, você tem até as 17h35.

4 R$ 11,50.

5 1. Harpia
2. Albatroz
3. Marreca
4. Saracura
5. Trombeteiro
6. Esmerilhão
7. Rendeira
O mamífero roedor é o hamster.

6

7 Desacerto, falha, falta, engano.

8 O peão come a pedra que se encontra na posição h7.

9

6	5	8	9	■	5	4	7	8	2	1	■	3	6	5	2	1
9	6	5	2	■	4	2	0	2	3	5	■	5	7	8	6	4
1	2	4	5	8	■	■	7	5	■	■	1	2	3	■	■	7
1	4	■	8	5	2	3	6	9	7	4	1	2	■	8	9	6
4	5	■	1	5	9	■	7	5	3	6	2	1	■	2	0	7
■	■	2	6	5	7	■	4	5	8	9	1	4	7	8	5	9
3	2	5	8	7	4	1	■	■	1	6	8	■	■	3	1	2
9	6	■	■	2	5	8	7	1	2	0	■	6	7	9	8	2
9	6	5	1	■	1	2	0	0	4	5	■	3	6	0	0	7
1	4	5	8	■	2	5	8	7	4	1	2	0	3	9	■	■
8	■	1	2	5	9	6	8	■	■	1	2	0	7	■	1	2
7	■	8	5	2	3	6	9	7	4	■	1	2	5	■	1	3
8	5	■	■	4	0	1	2	8	9	■	2	3	0	1	4	7

10 "Falar é prata, calar é ouro."

11 1. Coiote
2. Pacato
3. Acerto
4. Médico

12

1. Rodolfo / 30 anos.
2. Direito / Terceiro.
3. Jaime / Azarento.
4. Elvira / 18 anos.
5. Carmem e Luiz / Estados Unidos.
6. 50 anos / Investigadora.
7. Juliano / Oito irmãos.
8. Trator / Os filhos de Paulo.

13 Penélope Cruz.

14

D	R	A	G	Ã	O		R	A	I	O
A	S	T	R	O		V	A	P	O	R
L	A	B	O	R	A	T	O	R	I	O
A	T	E	N	A	S		D	A	M	A
I	N	D	I	F	E	R	E	N	Ç	A
L	A	T	I	M		Z	I	P	E	R
A	S	A	S		E	F	E	I	T	O
M	E	D	I	O		J	E	A	N	S
A	U	L	A	S		C	O	R	E	S

Frase: "O maior juiz de seus atos deve ser você mesmo e não a sociedade."
Autor: Dalai-Lama.

Dia 2

1

3	2	9	10	11
4	1	8	13	12
5	6	7	14	15
24	25	20	19	16
23	22	21	18	17

2

3 Pagando R$ 1,35, você tem até as 19h25.

4 R$ 0,03.

5 O senhor se pendurou depois de subir em um bloco enorme de gelo, que depois derreteu, obviamente. O segredo para decifrar o problema está na frase que menciona o estado do chão, que estava encharcado.

6

R	E	U		A	T	P		B	E	M
U		N		N		R		R		I
A	B	A	C	A	X	I	E	U	V	A
		N		C		S		T		
P	R	I	V	A	C	I	D	A	D	E
R		M		R		O		L		G
E	G	I	T	O	A	N	T	I	G	O
		D		L		E		D		
I	N	A	B	I	L	I	T	A	D	O
R		D		N		R		D		L
A	V	E		A	R	O		E	M	E

7

A	M	O		C	O	M	O		A	M	A	
O		A	M	O	R	.	N	Ã	O		C	O
N	H	E	Ç	O		N	E	N	H	U	M	A
	O	U	T	R	A		R	A	Z	Ã	O	
P	A	R	A		A	M	A	R		S	E	N
Ã	O		A	M	A	R	.	Q	U	E		Q
U	E	R	E	S		Q	U	E		T	E	
D	I	G	A	,	A	L	É	M		D	E	
Q	U	E		T	E		A	M	O	,	S	E
	O		Q	U	E		Q	U	E	R	O	
D	I	Z	E	R	-	T	E		É		Q	U
E		T	E		A	M	O	?			F	E
R	N	A	N	D	O		P	E	S	S	O	A

8 Euforia, reunião e salgueiro.

9

10 RUÍNAS
(França - R, Áustria - U, Brasil - I, Bélgica - N, México - A e China - S).

11
1. Marcos Palmeira
2. Glória Pires
3. Marília Pêra
4. Lima Duarte
5. Maria Flor

12
1. Curitiba
2. Fortaleza
3. Campinas
4. Brasília
5. Manaus

13 q; a; n.

14

Dia 3

1

2 Pagando R$ 1,35, você tem até as 12h.

3

4 Melado (palavra-enigma): medo, lado.

5 "O homem é do tamanho do seu sonho." (Fernando Pessoa)

6

7 "Gato escaldado tem medo de água fria."

8

4	3	5	6	8	6	■	5	6	3	8	2	6	1	2	6	8
8	5	6	■	7	4	■	3	5	2	6	1	9	7	■	7	0
8	6	5	■	1	4	■	7	■	■	■	2	5	8	■	4	1
1	0	2	■	1	5	6	7	2	8	2	3	3	0	■	9	6
5	7	8	6	9	■	■	■	3	5	1	4	8	0	2	5	8
9	■	■	■	4	3	1	6	7	■	■	■	8	6	9	3	5
2	4	7	5	0	5	0	■	8	9	4	3	7	■	■	■	4
4	1	0	5	8	6	9	■	4	5	7	8	1	2	6	9	3
■	2	5	6	9	5	8	■	4	5	8	■	■	■	7	8	■
■	4	5	■	■	■	7	8	2	5	3	6	1	2	5	4	■
■	6	9	5	2	3	6	■	7	■	■	■	7	■	1	2	■
8	5	0	2	5	0	5	■	7	8	5	4	3	■	5	8	6
7	8	1	4	2	5	9	■	7	8	3	4	8	■	2	5	9

9

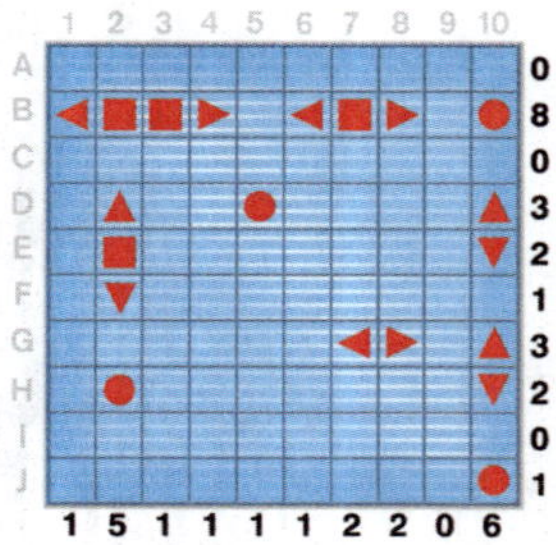

10 "Criou fama e deitou na cama."

11
1. O 5 de espadas.
2. 10 (6 + 4).
3. Na última, a 5.
4. Na 19.
5. Na última, a 5.
6. Na 17.

12 David Beckham.

13
Anfiteatro
Antipartícula
Bisavô
Decâmetro
Decilitro
Equidistância
Hipoderme
Inútil
Infravermelho
Interceder
Intramuscular
Microbiologia
Monoteísmo
Multicor
Neoclassicismo
Onipresente
Paraquedas
Policlínica
Pseudocientífico
Retroceder
Submarino
Televisão
Ultraligeiro
Justapor

14 Se você observar com atenção, poderá deduzir duas coisas essenciais: a primeira é que a bola central é vermelha, pois não pode ser vista de lado algum e você sabe que existe uma vermelha porque ela aparece ao menos uma vez na vista 4. A segunda é que, uma vez sabendo onde está a vermelha, a vista 4 deve ser, necessariamente, a que se vê a partir de A, pois, das outras quatro posições, a bola vermelha está encoberta por alguma outra. Depois de pôr as cores a partir de A = 4, o resto é fácil: A – 4; B – 3; C – 2; D – 1.

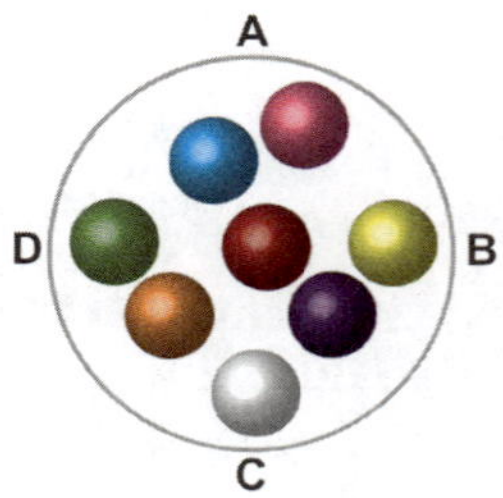

Dia 4

1.

11	10	9	8	1
12	13	6	7	2
15	14	5	4	3
16	19	20	25	24
17	18	21	22	23

2. R$ 7,65.

3. 

4. 25.

5. "Não adianta chorar sobre o leite derramado."

6. 

7. 

8. 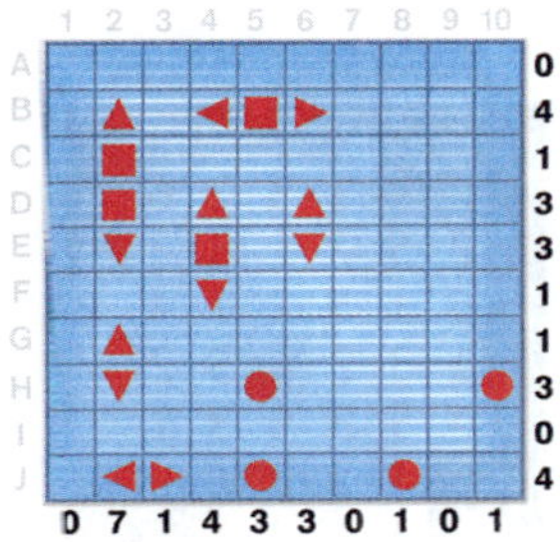

9. 1. B; 2. A; 3. D; 4. A; 5. C; 6. C; 7. B; 8. A; 9. D; 10. C; 11. B; 12. C; 13. A; 14. D; 15. C.

10. ANTÍLOPE
(Canadá - A, Israel - N, Espanha - T, Inglaterra - I, Tailândia - L, Turquia - O, Índia - P e Suíça - E).

11. 1. São Francisco.
2. Negro.
3. Solimões.
4. Amazonas.
5. Jequitinhonha.

12. 1. Anilha.
2. Agouro.
3. Hábito.
4. Futuro.

13 Os camelos estiveram sempre de frente um para o outro, portanto, olhavam em direções opostas, mas se viam.

14 1. *12 Homens e Uma Sentença*
2. *007 Permissão para Matar*
3. *101 Dálmatas*

Dia 5

1 C.

2 R$ 419, 47.

3

■	■	■	30\	6\	28\	21\	■
■	13\	21\12	1	3	2	6	■
\23	2	6	7	1	4	3	10\
\28	6	1	5	2	7	4	3
\6	1	3	2	11\11	5	2	4
\29	4	5	8	6	3	1	2
■	\21	4	3	2	6	5	1
■	\10	2	4	3	1	■	■

4 Piloto (palavra-enigma): pito, loto.

5 Belém, Betim, Campinas, Canela, Ilhéus, Natal, Olinda, Palmas, Paraty, Salvador, Teresina, Valinhos e Vinhedo.

6

O	■	G	R	A	N	D	E	■	P	E	R	I
G	O	■	P	A	R	A	■	A	■	M	A	I
O	R	I	A	■	D	E	■	N	Ó	S	■	N
Ã	O	■	É	■	O	■	F	A	T	O	■	D
E	■	Q	U	E	■	N	O	S	S	O	■	O
B	J	E	T	I	V	O	■	S	E	J	A	■
A	L	T	O	■	D	E	M	A	I	S	■	E
■	N	Ã	O	■	O	■	A	L	C	A	N	C
E	M	O	S	,	E	■	S	I	M	■	Q	U
E	■	E	L	E	■	S	E	J	A	■	B	A
I	X	O	■	D	E	M	A	I	S	■	E	■
O	■	A	T	I	N	J	A	M	O	S	.	■
■	M	I	C	H	E	L	A	N	G	E	L	O

7 Gentileza.

8

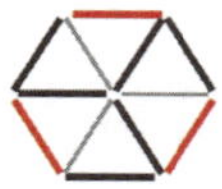

9

5	3	2	6	8	■	■	5	3	8	1	9	2	7	1	3	2
5	8	4	3	7	2	■	1	4	7	■	9	5	1	2	4	7
2	■	8	4	9	7	9	3	6	■	■	2	4	7	5	■	■
■	■	6	5	2	3	4	7	1	8	9	7	■	5	7	■	4
2	4	8	6	5	■	■	3	4	9	1	■	■	8	6	4	2
2	9	■	■	3	3	■	7	0	8	0	5	6	9	4	3	7
6	9	■	7	4	5	8	2	1	3	4	6	9	■	■	7	8
4	2	5	7	■	3	5	■	■	8	7	4	1	2	■	9	7
5	8	5	■	■	4	2	4	■	7	■	3	3	6	6	3	■
4	■	5	7	1	2	6	9	8	7	■	■	2	5	8	■	■
■	■	4	7	2	■	■	6	8	2	1	7	3	6	4	8	9
4	2	8	6	9	■	1	4	7	2	■	3	6	8	9	4	2
2	4	7	8	9	6	3	1	4	2	■	■	5	2	0	0	1

10 1. C; 2. C; 3. A; 4. A; 5. B; 6. B; 7. C; 8. A; 9. D; 10. B; 11. A; 12. B; 13. D; 14. C; 15. B.

11 "E eu gostava tanto de você", trecho de "Gostava Tanto de Você", sucesso de Tim Maia.

12 Roger Federer.

13
1. Bússola.
2. Lanterna.
3. Cantil.
4. Barraca.
5. Fogueira.

14 $; ?; Y.

Dia 6

1

2 Dado que os cabeleireiros não podem cortar o próprio cabelo, o que estava com o melhor corte não era o melhor e, por isso, tinha o salão vazio e limpo.

3 666 + 824 = 1.490
124 + 8.126 = 8.250 (ao contrário)
1.548 – 981 = 567
1.256 x 122 = 153.232
2.002/ 1.001 = 2
1.210/ 110 = 11 (ao contrário)

4

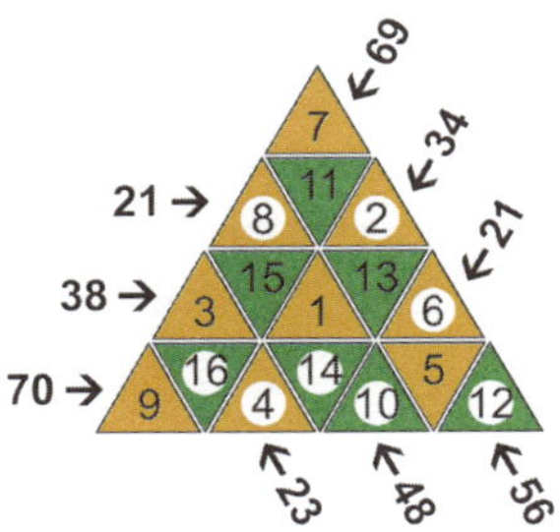

5 A 12.000; B: 998; C: 640; D: 141; E: 96; F: 50.

6 Arquitetônicos.

7

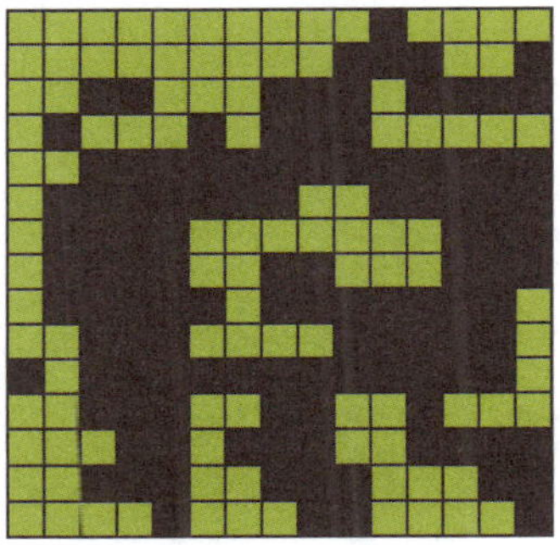

8

9 Seguindo a ordem das fileiras de cartazes na página, a resposta é:
A Fraternidade é Vermelha – Billy Elliot – A Praia – Amor Além da Vida;
Ronin – O Exterminador do Futuro 2: O Julgamento Final – Fargo – Limite Vertical;
Christine, O Carro Assassino – Noivo Neurótico, Noiva Nervosa – O Segredo do Abismo – A Máscara do Zorro;
Alta Fidelidade – A Cor Púrpura – Encontrando Forrester – Armagedom;
Cubo – Máquina Mortífera 4 – Maratona da Morte – Outland: Comando Titânio.

10 1. B; 2. A; 3. C; 4. A; 5. D; 6. B; 7. C.

11
1. Afeganistão
2. Itália
3. Madagascar
4. Tanzânia
5. Paquistão

12 "À noite, todos os gatos são pardos."

13

X	E	R	O	X		P	E	D	R	A
E	C	O	S	S	I	S	T	E	M	A
N	A	T	U	R	A	L	I	S	M	O
O	B	S	C	U	R	I	D	A	D	E
C	A	F	É	D	A	M	A	N	H	Ã
R	E	A	B	A	S	T	E	C	E	R
A	C	A	M	P	A	M	E	N	T	O
T	E	N	D	E	N	C	I	O	S	A
E	Q	U	I	P	A	M	E	N	T	O
S	A	R	J	A		T	Ê	N	U	E

Frase célebre: "Arrependo-me de coisas que disse, mas jamais do meu silêncio." Autor: Xenócrates.

14 B-3, D-1, G-2, H-4.

Dia 7

1

2

19	18	17	16	15
20	21	12	13	14
23	22	11	10	9
24	3	4	5	8
25	2	1	6	7

ou

19	18	17	16	15
20	21	12	13	14
23	22	11	10	9
24	1	4	5	8
25	2	3	6	7

3 "Meu amor se você for embora", trecho de "À Francesa", sucesso de Marina Lima.

4 26.

5 "Camarão que dorme a onda leva."

6

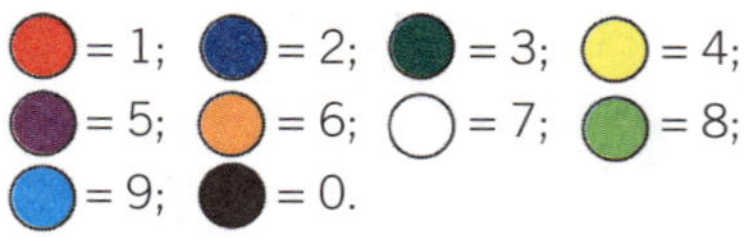

123 x 456 = 56.088.
987 x 654 = 645.498.

7 Explosão.

8 Móbile (palavra-enigma): mole, bile.

9

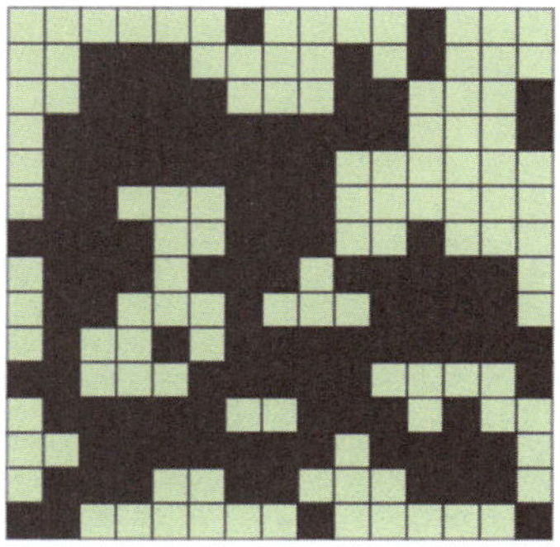

10
1. Na 5.
2. Na 2.
3. No 11.
4. 3 + 5 = 8
5. 4 + 6 + 0 + 3 = 13
6. Na 22.

11 Madonna.

12 "American Life": Madonna
"Billie Jean": Michael Jackson
"Don't Speak": No Doubt
"Heartbreak Hotel": Elvis Presley
"Let It Be": The Beatles
"Corazón Partío": Alejandro Sanz
"Sad Eyes": Bruce Springsteen
"Streets of Love": Rolling Stones
"Umbrella": Rihanna
"Vertigo": U2
"Waterloo": ABBA
"Emoções": Roberto Carlos
"Alegria, Alegria": Caetano Veloso
"Deixa a Vida Me Levar": Zeca Pagodinho
"True Color": Cindy Lauper
"Lanterna dos Afogados": Paralamas do Sucesso
"As Rosas Não Falam": Cartola
"Wonderwall": Oasis
"November Rain": Guns N´ Roses
"Hero": Mariah Carey
"Brincar de Viver": Maria Bethânia
"Vilarejo": Marisa Monte
"Yellow": Coldplay
"September": Earth, Wind & Fire
"Somebody to Love": Queen
"Guantanamera": Trini Lopez
"Nikita": Elton John
"Learn to Fly": Foo Fighters.

13
1. Canino.
2. Agosto.
3. Brecha.
4. Jasmim.

14 x + 74 = ? + x = ? ÷ 2 = ? – x = 37
Na equação acima, a letra "x" representa o número pensado; já a interrogação é o resultado das operações realizadas.

Título Original: Entrena tu mente
Autor: Imaginarte Juegos S.L.

Copyright © 2015 RBA Coleccionables S.A.

Copyright da tradução
© 2015 by Ediouro Publicações Ltda.

Coordenação editorial: Daniel Stycer
Edição: Lívia Barbosa, Daniela Mesquita, Dalva Corrêa e Jefferson Peres.
Tradução: Liame Associação de Apoio à Cultura

Todas as marcas contidas nesta publicação e os direitos autorais incidentes são reservados e protegidos pelas Leis n.º 9.279/96 e n.º 9.610/98. É proibida a reprodução total ou parcial, por quaisquer meios, sem autorização prévia, por escrito, da editora.

Ediouro Publicações Ltda.
Rua Nova Jerusalém, 345 – CEP 21042-235
Rio de Janeiro – RJ
Tel.: (21) 3882-8200 / Fax: (21) 2290-7185
e-mail: coquetel@ediouro.com.br
www.coquetel.com.br